Hermann Will

Mini-Handbuch Vortrag und Präsentation

Für Ihren nächsten Auftritt vor Publikum

BELTZ
Taschenbuch

Beltz Taschenbuch 615
6., vollständig überarbeitete Neuauflage 2006

© 2000 Beltz Verlag, Weinheim und Basel
www.beltz.de
Lektorat: Ingeborg Sachsenmeier
Satz: WMTP GmbH, Birkenau
Druck und Bindung: Druck Partner Rübelmann, Hemsbach
Umschlaggestaltung: Federico Luci, Odenthal
Umschlagfoto: © Picture Press, Hamburg
Printed in Germany

ISBN 978-3-407-22615-0

Dieses Mini-Handbuch will Ihnen Lust machen aufs Präsentieren. Lesen Sie es als Vorbereitung für ein Präsentationstraining oder als Ideengeber für Ihren nächsten Auftritt vor Publikum. Damit Sie Ihre Botschaft klar rüberbringen! *Dr. Hermann Will*

Auch ein dünnes Mini-Handbuch entsteht nicht von alleine. Tatkräftig mitgewirkt haben unter anderem Hermann Beiler, Rainer Kittelberger, Ulrich Lipp, Susanne Polewsky, Ludwig Schneider, Dorothee Sellerberg, Anne Stenbom, unsere Auftraggeber für Inhouse-Schulungen und die vielen Teilnehmerinnen und Teilnehmer unserer Präsentationstrainings.

Ihnen allen ganz herzlichen Dank!

Dieses Mini-Handbuch gibt es inzwischen auch in Englisch und Vietnamesisch. Mehr dazu will@wup.info

Inhaltsverzeichnis

1. Meine Ziele:
Warum stelle ich mich dem Publikum?

Soll ich den Vortrag überhaupt halten?

Gute Präsentationen kosten Vorbereitungszeit. Und Kurzvorträge sind besonders arbeitsintensiv, weil alles komprimiert drin sein soll. Sagen Sie Ihren Auftritt ab, wenn Sie zu wenig Zeit zum Vorbereiten haben oder wenn Sie sich für das Thema nicht erwärmen können! Eine der wichtigsten Fragen vorab: Ist der Vortrag für mich und für meine Zuhörer wirklich wichtig?

Wer will, dass ich spreche?

Wer ist mein Auftraggeber? Wer will, dass gerade ich diesen Vortrag halte? Wer hat nachgedacht oder geprüft, ob dieses Thema maßgeschneidert für dieses Publikum und zur Situation passt?

Was will ich erreichen?

Habe ich eine klare Botschaft, die ich »an den Mann« und natürlich auch »an die Frau« bringen will? Will ich informieren, motivieren, schulen, Entscheidungen vorantreiben, beruhigen, Flagge zeigen, Gefühle beeinflussen?

Mein Vortragsstil als »Markenzeichen«

Präsentationen sind hervorragende Profilierungsmöglichkeiten für die Vortragenden. Welches Image pflege ich als mein »Referenten-Markenzeichen«? Will ich mit Fachkompetenz brillieren, Gewissenhaftigkeit unter Beweis stellen, Mahner oder kreativer Vordenker sein? Oder witzig-ironischer Entertainer, handfest-bildhafter Redner, Medienzauberer? Oder Kollege unter Kollegen?

Vortrag oder Präsentation: Wo liegt der Unterschied?

Ein Vortrag informiert oder hilft bei der Wissensvermittlung. Fakten und Sachverhalte stehen im Vordergrund. Präsentationen wollen darüber hinaus auch beeindrucken, beeinflussen, überzeugen. Manchmal ist diese Grenze fließend.

Wenn in diesem Buch von »Vortrag« die Rede ist, dann umfasst das Präsentationen von Arbeitsergebnissen, Produkten, Ideen, Vorhaben und Thesen, kurze Statements, Fachvorträge und Referate zu den verschiedensten Anlässen. Sie sind allesamt vorbereitet und mediengestützt, sollen etwas erreichen und bei den Vortragenden nicht nur Lampenfieber auslösen.

2. Wer hört zu?
Zuhörer- und Situationsanalyse

Zuhöreranalyse: Wer hört mir zu?

Vor welchem Publikum werde ich sprechen? Weiß ich Bescheid über Anzahl, Alter und Zusammensetzung, über Ausbildung, Vorerfahrung und Arbeitsfelder? Hatten die Zuhörer schon Berührung mit dem Thema und wie stehen sie jetzt dazu? Hören sie freiwillig zu? Welche Fragestellungen gehen meinen Zuhörern durch den Kopf? Wie stehts mit Glaubenssätzen und Toleranzgrenzen? Kann ich mit einigen typischen Zuhörern schon vorab persönlichen Kontakt aufnehmen (zum Beispiel per Telefon), damit ich besser über sie Bescheid weiß? Gibt es kurz vor der Präsentation noch Möglichkeiten, mit Einzelnen ins Gespräch zu kommen?

Situationsanalyse: Was steht mir bevor?

Wie viel Zeit steht für meine Präsentation samt Diskussion zur Verfügung? Ist auf diesen Zeitrahmen Verlass? Welche Redesituation ist zu erwarten: Raumgröße, Raumform, Sitzordnung, Medien-Ausstattung, Anzahl, Aufmerksamkeit und Stimmung der Zuhörer? Ist das Ganze sehr förmlich oder informell-leger angelegt? Bin ich einziger Redner oder Teil einer Vortragsserie? Was erleben meine Zuhörer vor und nach meiner Präsentation? Wann war die letzte Pause?

Raum erkunden und umräumen!

Kann ich schon einige Tage vorher in den Vortragssaal, um mich mit Raum und Geräten vertraut zu machen? Ist dort vielleicht sogar eine Generalprobe möglich? Besteht die Möglichkeit, kurz vor Veranstaltungsbeginn noch Raum, Sitzordnung und Medien vorzubereiten oder umzugruppieren (vgl. Kapitel 21).

Sitzen, stehen oder gehen?

Traditionellerweise steht der Referent am Rednerpult und die Zuhörer sitzen reihenweise – wie im Kino. Passt dieses Setting zu Thema und Anlass der geplanten Präsentation? Stehe ich besser mitten unterm »Volk«? Sollen die Zuhörer überhaupt die ganze Zeit sitzen? Vielleicht wandert man stattdessen mit der Zuhörergruppe von Pinnwand-Plakat zu Pinnwand-Plakat – wie bei einer Museumsführung? Über »Bühnen- und Kulissenbau« und das Inszenieren von Präsentationen finden Sie mehr in Kapitel 21.

3. Themenwahl: »Tränen des Abschieds«

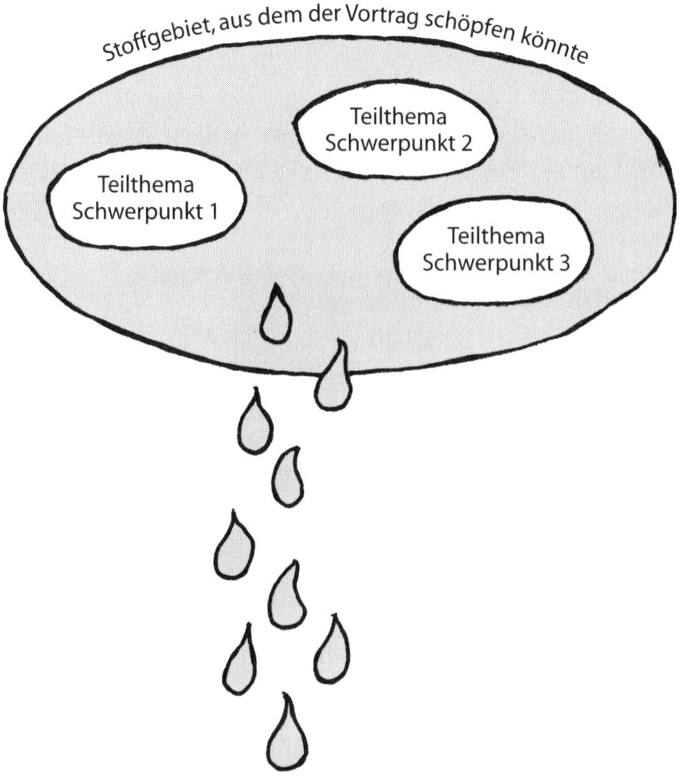

Stoffgebiet, aus dem der Vortrag schöpfen könnte

Teilthema
Schwerpunkt 2

Teilthema
Schwerpunkt 1

Teilthema
Schwerpunkt 3

»Tränen des Abschieds« – Der Mut zur Lücke!

Als Referent wissen Sie fast immer zu viel! Da hilft nur eines: aus dem umfassenden Stoffgebiet einige wenige Teilthemen als Schwerpunkt auswählen. Der Rest bleibt ungesagt! Also auf die vielen interessanten Details verzichten und ihnen die »dicken Tränen des Abschieds« nachweinen – schweren Herzens. Dieses Opfer lohnt: Weniger bringt mehr! Und Ihr Publikum dankt es Ihnen auch. Vorgespräche mit ausgewählten Zuhörern oder Kennern der Zielgruppe erleichtern diesen schweren Auswahlprozess.

KISS: Keep it short and simple!

Diese Regel ist ihrerseits etwas simpel, aber es ist trotzdem etwas dran: Als Experte und Referent verliert man nur allzu leicht das Gespür dafür, auf was es dem Publikum eigentlich ankommt und was noch verständlich ist. Also verzichten Sie besser auf die Ausnahmen beim Sonderfall. Anspruchsvoll »simple« sein heißt: kluges Weglassen, Reduktion aufs Wesentliche, Veranschaulichung von Komplexität. Das ist schon einen KISS wert.

Maximal drei Schwerpunkte und eine Botschaft!

Gute Vorträge haben im Idealfall maximal drei Kernaussagen. Mehr werden sowieso vergessen – außer Sie haben Nobelpreisträger vor sich sitzen. Aber die Stoffauswahl alleine bringt es noch nicht. Jeder Vortrag braucht zudem eine klare und markante »Botschaft« (»Message«). Diese Botschaft muss plakativ, einleuchtend und einprägsam sein. Sie wird während der Präsentation mehrfach verkündet und zum Lesen gibt es sie auch – auf Folie oder Plakat.

Schlagzeilen: »Fetzige« Titelwahl!

Vorträge über die »Geschäftszahlen der Region Nord« hört man sich zwar notgedrungen an, aber spannend klingt das bestenfalls für Insider. Heißer wäre der Titel: »Warum wir in der Region Nord bisher so wenig verkaufen!« oder »Welchen Einfluss haben wir auf die Verkaufszahlen der Region Nord?« Ein Vortragstitel, in Thesen- oder Frageform oder als Provokation formuliert, macht das Publikum schon vorab neugierig. Das erleichtert den Start.

In der Tradition von Karl Valentin

Zoologische Probleme

»Meine Damen und Herren!
Zoologische Probleme lassen Sie sich besser von einem Zoologen dar-
legen. Dazu bin ich wirklich nicht in der Lage. Der hat des glernt. Dann
soll er's auch machen. Was er glernt hat. Vogelflug etc., in den Süden.
Ich hab's ja nicht glernt. – Die Hochzeitstänze der Ameisen und so was.
Das sind Fachgebiete! Sogar für die Ameisen. Nur ganz bestimmte Tiere
führen dieselben aus. Aber mehr kann ich Ihnen wirklich nicht darüber
sagen. Wenn Sie auch noch so gespannt darauf sind. Das wären sonst
reine Vermutungen. – Und vermuten, das können S' selber auch. Da
brauchen S' mich nicht dazu.
Etwas ganz ähnlich anderes wäre es, sollte ich Ihnen einen Vortrag über
die Ureinwohner von Australien dartun. Ich kenn die Leute nicht. Habe
keine Ahnung, warum die ausgerechnet in Australien sind. Kurz, ich
weiß gar nix. Ich weiß kaum, dass es sie überhaupt gibt. Genauso geht
es mir mit der Klassik, dem Klassizismus und mit den anderen. Das ist
nicht mein Fach. Wollte ich darüber sprechen, müsste ich halt vorher in
ein Buch hineinschauen. Aber da käm ich mir selber z' blöd vor. – Bitte!
Aber so wird's gemacht, allenthalben!
Bleibt nur noch zu fragen, worüber werde ich Ihnen denn dann vortragen? Wenn das andere alles nicht infrage kommt. Meine Damen und
Herren. Ich bin kein Hellseher … Und deshalb frage ich Sie: Müssen Vorträge überhaupt sein? – Nein. Sie müssen nicht sein. Wenn man sich
aber die Vorträge spart, kann man sich auch den Vortragenden und
das Publikum sparen. Das wäre eine riesige Ersparnis …«

Aus einem Vortrag von Philip Arp (Spola u.a. 1988)

4. Nutzenorientierung:
Vom Vortrag zum Wegtrag!

Das Problem liegt schon in der Wortwahl: Dem Publikum etwas vorzutragen, zu präsentieren oder anzuliefern macht nur 50 Prozent von dem aus, um was es eigentlich geht. Ohne den »Wegtrag«, den »Abtransport« und die Verarbeitung durch die Zuhörer wird daraus kein sinnvolles Ganzes. Bei der Post ist dieser Vorgang allen einsichtig: Es ist nicht damit getan, dass man den Brief in den gelben Briefkasten einwirft. Der Brief muss beim Empfänger ankommen! Bei Präsentationen ist man da manchmal mit weniger zufrieden. Eigenartig.

»Wozunutz«: Was haben die Zuhörer vom Vortrag?

Mit dieser Frage haben wir schon viele Referenten zur Verzweiflung gebracht. Wer darauf keine gute Antwort findet, kann sicher sein, dass mit der Planung etwas nicht stimmt. Fast alle Präsentationen wollen Themen, Ideen oder Lösungen »verkaufen«. Die Zuhörer werden aber nur dann zu aufmerksamen »Kunden«, wenn sie im Vortrags-Angebot für sich oder für ihre Arbeit einen »Nutzen« erkennen.

Das klingt ganz einfach. Aber leider hat die Sache einen Haken: »Nutzen« ist immer subjektiv und darum für jede Zuhörergruppe und manchmal auch für jeden einzelnen Zuhörer etwas anderes. Manche finden es schon nützlich, früher als andere über die neuesten Trends informiert zu sein. Andere erwarten Warnungen vor Fußangeln oder klare Gebrauchsanleitungen beziehungsweise Rezepte. Wieder andere sind erst zufrieden, wenn die Kasse klingelt. Die subjektive Nutzenpalette ist also überraschend vielfältig. Deshalb ist die frühzeitige Zuhöreranalyse so wichtig. Im Zweifelsfall Vorgespräche führen, damit Sie nicht im Blindflug nutzlose Präsentationen planen. Das wäre jammerschade.

»Meine Zuhörer wissen anschließend mehr über …«

Das klingt zwar gut, aber bedeutet nicht automatisch Nutzen für das Publikum. Über tausend andere Themen könnte man auch »mehr wissen« und wäre dennoch nicht klüger, geschweige denn handlungsfähiger. Denken Sie nur an die vielen Raffinessen und Geheimnisse der Porzellanvasen aus den chinesischen Ming-Dynastien. Ein spannendes Themenfeld! Was man da alles wissen könnte! Und trotzdem werden Sie eher abwinken. Aber das könnte sich schlagartig ändern, wenn zum Beispiel von alten Erbstücken Ihrer Tante die Rede wäre.

Fundierte, plausible und glaubwürdige Informationen sind also zu wenig für einen Vortrag. Welche Vorteile hat dieses »Mehrwissen« für die Zuhörer? Können sie dann besser entscheiden, Fehler vermeiden oder Trends früher erkennen …? Ihr Publikum hat ein feines Gespür für den Unterschied zwischen »nice to hear« und »wirklich nützlich«.

Den Nutzen »verkaufen«!

Manchmal sind den Zuhörern Relevanz und Praxisbezug eines Vortragsthemas noch nicht genügend deutlich. Scheuen Sie sich nicht, schon möglichst frühzeitig darüber zu reden, am besten gleich in der Einleitung: »*Im ersten Moment werden Sie vielleicht gedacht haben: Das Thema klingt ja ganz nett, aber mit uns hat das nichts zu tun! Und genau das ist das Tückische: Thema xxx mischt überall mit, nur merkt es kaum jemand. Ich will es Ihnen an zwei Beispielen deutlich machen …*«

Der Nutzen wird ebenfalls besser erkennbar, wenn Sie konkrete Beispiele, Fragestellungen oder Zahlen aus der Welt Ihrer Zuhörer wählen. Sie sind dann »Dolmetscher« zwischen Ihrem Thema und Ihren Zuhörern.

In Zukunft sollten Sie also vermehrt Nutzenargumente im Einstieg und zwischendurch als Lockmittel einsetzen. Wer erst am Schluss der Präsentation damit herausrückt, wofür das Thema gut ist, verschenkt das Aufmerksamkeits-Kapital der Zuhörer. Das wäre unklug!

»Ich wäre nicht ungehalten, wäre der Vortrag ungehalten!«

5. Der rote Faden: Vortragsgliederung

Wehe, der Vortrag wird zum Irrgarten! Da verlaufen sich die Zuhörer – gedanklich und mit den Füßen (sie streben dem Ausgang zu). Da hilft nur ein klar erkennbarer Aufbau, der berühmte »rote Faden«. Den sollen die Zuhörer vor Augen haben. Darum hängt die Agenda die ganze Zeit über an zentraler Stelle sichtbar im Raum – am Flipchart oder als Großplakat. Sie erklären diese beim Einstieg und zwischendurch zur Orientierung. Das ist zugleich Ihr Riesenmanuskript und ein starkes Argument gegen detailfreudige Zwischenfragen: »*Das kommt ausführlich bei Punkt 3.*« oder »Ich kann es Ihnen jetzt leider nur kurz erklären, sonst kommen wir nicht mehr zum dritten Punkt.«

Bewährte Gliederung für Präsentationen

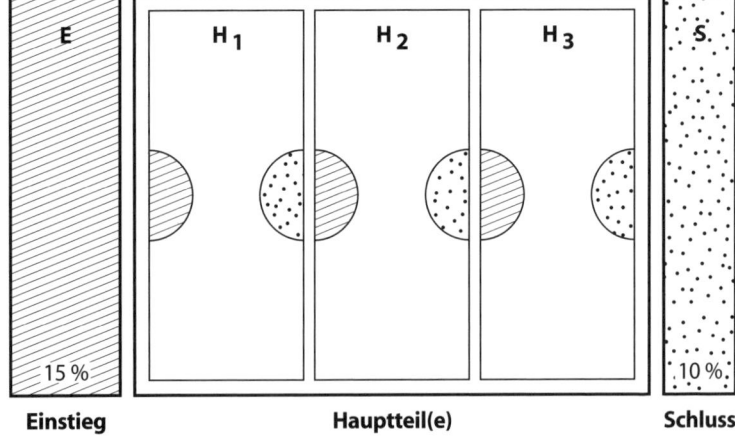

| Einstieg | Hauptteil(e) | Schluss |

Einstieg = 15%
Für den Vortragsstart verwenden Sie bis zu 15 Prozent der gesamten Vortragszeit. Warum Einstiege so wichtig sind und welche Rezepte es dafür gibt, finden Sie in den Kapiteln 10 und 22.

Hauptteil(e) = das eigentliche Thema
Hier liegt der Schwerpunkt des Vortrags. Der Hauptteil besteht idealerweise aus drei, maximal fünf Unterpunkten (zum Beispiel H1, H2 und H3). Jeder dieser Unterpunkte braucht seinerseits einen ganz kurzen Mini-Einstieg und einen Mini-Schluss als verbindende Überleitung, und sei es nur, dass Sie sagen: »*Das war H1 …, und jetzt komme ich zu H2 …*«

Schluss = 10%
Ein klug gewählter Vortragsabschluss haftet als Schlussakzent im Gedächtnis der Zuhörer. Er fasst die zentralen Aussagen zusammen, greift den Einstiegsgedanken wieder auf oder eröffnet Ausblicke. Für den Schluss kalkulieren Sie rund 10 Prozent der Gesamtzeit. Auch wenn es zeitlich eng wird, darf der Abschluss nicht völlig fehlen. Im Notfall kürzt man bei den Hauptteilen.

Struktur für Ihre Vortragsplanung

Thema:		
Inhalte Hauptgedanken, Unterpunkte, Botschaften, Knautschzonen	**Inszenierung** Zeit, Effekte, Aktivphasen, Merk-Anker	**Medien** Pinnwand, Flipchart, Beamer, Video, Objekte …
Einstieg		
Hauptteile		
Schluss		

6. Planung: Auf die Reihe bringen!

Verzetteln: Planen mit Haftnotizen

Die Grobstruktur »Einstieg – Hauptteile – Schluss« steckt nur Eck-pflöcke ab. Was in die einzelnen Felder kommt, klärt der nächste Planungsschritt. Übertragen Sie die Grobstruktur E-H1-H2-H3-S auf einen großen Flipchartbogen im Querformat oder auf die Pinnwand und holen sich dann ein Päckchen Haftnotiz-Zettel.

Alle Inhalte, Themen und Teilthemen, die Sie in Ihre Präsentation reinpacken möchten, schreiben Sie jeweils auf kleine gelbe Klebezettel. Und die fixieren Sie in den Feldern Einstieg, Hauptteil 1, Hauptteil 2, … und Schluss. Schnell wird deutlich, wo zu viele und zu wenige »Bauteile« sind. Der Zettelsalat macht Umgruppierungen schnell möglich – alle Lösungen sind sofort sichtbar.

Haftzettel über Medien und Inszenierungsideen kommen anschließend in anderer Farbe oder Größe dazu. Gut, wenn Sie jetzt Ihre Planung noch eine Nacht überschlafen können.

Mitdenker suchen

Der Mensch denkt nicht gern allein! Mit etwas Glück finden Sie Kollegen fürs weitere Umsortieren und Rauswerfen – idealerweise jemand, der Ihr Publikum kennt, aber nicht ganz so wie Sie aufs Thema spezialisiert ist, denn sonst sind alle »betriebsblind«.

Planung per Mind-Map

Mind-Map-Fans planen Präsentationen mit der »Krakenstruktur«. In die Mitte kommt das Thema. Die Hauptteile werden »Äste« und die Unterkategorien »Zweige«. Medien und Sonstiges kommen in anderer Farbe dazu. Seit einiger Zeit gibt es dafür attraktive Software. Auch als Manuskripte sind Mind-Maps nicht zu verachten.

Psycho-Logik vor Sach-Logik!

Der alte Streit um zuhörergerechte Reihung der Vortrags-Bauteile:

Sach-Logik
Vorträge im klassischen Lehrbuchstil definieren zuerst alle Begriffe, erklären Grundlagen und kommen erst am Schluss zur praktischen Anwendung. Das ist sachlich zwar stimmig, aber die meisten Menschen tun sich anders herum viel leichter mit dem Zuhören, Verstehen und Merken.

Psycho-Logik

Der Leitsatz der Psycho-Logik lautet: »Die Zuhörer da abholen, wo sie gerade sind!« Vorträge dieser Art starten mit Fragestellungen, Beispielen, Zahlen, Erfahrungen, Befürchtungen aus der Welt des Publikums (hat man vorab recherchiert) und schieben erst anschließend die abstraktere Information nach. Wer zu wenig über die Zuhörer weiß, erzählt ein Fallbeispiel aus der eigenen Erlebenswelt. Nach diesem »Story-telling« ist das Publikum viel aufnahmebereiter für trockenere Kost.

In der Summe bringen beide Vorgehensweisen gleiche Information und Botschaft auf anspruchsvollem Niveau, aber wenn sie psycho-logisch vorgehen, ist alles sehr viel leichter zu verdauen.

Weil es immer eng wird: »Knautschzonen« einplanen

Langatmige Vorredner, diskussionsfreudiges Publikum oder technische Probleme werfen die Zeitplanung manchmal über den Haufen. Davon lässt man sich nicht einfach überrumpeln! Planen Sie schon vorher Notfall-Lösungen, denn im Ernstfall fehlt einem die dafür nötige Flexibilität. Wo sind die »Knautschzonen« beziehungsweise »Pufferzonen« meines Vortrags, die ich notfalls kürze oder ganz überspringe? Welche Folien und Beispiele lasse ich bei Zeitmangel weg? Diese Pufferzonen kennzeichnen Sie im Manuskript.

Einstieg und Schluss sollten trotz Zeitnot zumindest ansatzweise erhalten bleiben, denn sie sind als Türöffner und Schlusspunkt die Dreh- und Angelpunkte des Vortrags.

Man kann über alles reden, nur nicht über 30 Minuten!

7. Argumentation: Die Sache mit den Elefanten

Es geht um die Reihung von Argumenten: Stellen Sie sich vor, »starke« Argumente wären große, »schwache« Argumente kleine Elefanten. Und als Glückspilz haben Sie viele dieser Tiere unterschiedlicher Größe im Stall. In welcher Reihenfolge lassen Sie die vor Publikum aufmarschieren? Starten Sie mit dem kleinen Benjamin und platzieren erst am Ende den »Dicken« (»Schlussakkord«)? Oder schicken Sie sofort den großen Jumbo ins Rennen, auf den dann die immer kleineren folgen?

Beide Strategien haben Schwächen: Die schrittweise aufsteigende Linie ist anfangs zu wenig spektakulär und strapaziert die Geduld der Zuhörer. Einige schalten ab, lange bevor Ihr stärkstes Argument auf die Bühne kommt. Der Start mit dem dicken »Paukenschlag« verschafft ein starkes Entree, aber mit jedem schwächeren Folgeargument geht Ihnen der Dampf aus. Der kleinste als letzter Eindruck im Gedächtnis – auch nicht gut!

Da spricht viel für das »Köderprinzip«: Sie starten mit einem »mittelstarken« Argument und nehmen dann die aufsteigende Linie. Die vielen kleinen lassen Sie im Stall – als »Reserveargumente«. Es macht kaum Sinn, dem Publikum Ihren ganzen Zoo zu zeigen, denn das verwirrt und verstellt den Blick. Also nur drei bis vier Ihrer Prunkstücke! Beiläufig erwähnen Sie Ihre Herde, aber hier hätten Sie sich auf die wichtigsten Argumente beschränkt. Wenn jetzt jemand fragt, können Sie immer noch ein oder zwei als Sondernummer auftanzen lassen.

Das Köderprinzip

Der »Nutzenkeil«: Von Verkäufern lernen!

1) *»Dieser neue Filzstifttyp hat eine neuartige Tintenmischung.«* Dieses Verkaufsargument ist reine Merkmalsbeschreibung und wird Sie kaum vom Hocker reißen.

2) *»Das Interessante daran: Er ist der einzige trocken abwischbare Schreiber. Er ist für Papier, Folien und Whiteboardtafeln gleichermaßen geeignet.«* Hier kommt der spezielle Vorteil dieser Lösung im Vergleich zu Konkurrenzlösungen auf den Tisch. Ganz nett, aber ...

3) *»Für Sie bedeutet das: Sie können jetzt unbesorgt mit nur einem Stifttyp auf allen Schreibflächen arbeiten, ohne Sorge, aus Versehen die teuren Whiteboardtafeln mit Permanentstift zu schädigen!«* Das ist das pointierte Nutzenargument in persönlicher Sie-Ansprache. Das überzeugt Sie aber nur, wenn Sie häufiger im Umfeld von Whiteboards arbeiten. »Nutzen« ist also immer relativ. Und kluge Verkäufer vergewissern sich durch einen schnellen Blick in den Schulungsraum. Andernfalls würden sie ein passenderes Nutzenargument bringen.

8. Redepläne: Argumentationsfiguren

Seit alters her befasst sich Rhetorik mit dem Aufbau von Reden und Vorträgen. Entstanden sind ausgefeilte Schemata mit wohlklingenden Namen. Der Klassiker: These – Antithese – Synthese. Ebenfalls zur Dreier-Reihe zählt folgender *Dreischritt:*

Höhere Formen der Argumentationskunst finden Sie auf der folgenden Seite (aus Hierhold 1994, S. 80).

Linearer Fünfsatz

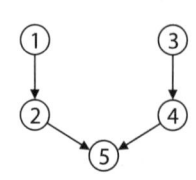

1 Der allgemeine Hintergrund …
2 Die spezielle Problematik …
3 Unsere Vorgehensweise …
4 … führt zu folgenden Daten:
5 Unsere Interpretation/Konsequenzen

Paralleler Fünfsatz

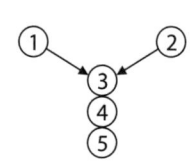

1 Schneider hat festgestellt …
2 … und so interpretiert …
3 Bauer dagegen stellt fest …
4 … und interpretiert anders …
5 Unsere neue Interpretation erklärt beide
  Ergebnisse …

Diskrepanz-Fünfsatz

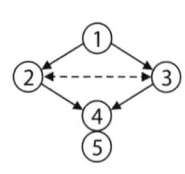

1 Schneider stellt fest …
2 Bauer stellt fest …
3 Das ergibt folgende Diskrepanz:
4 Was wir untersucht haben …
5 … weist in folgende Richtung …

Divergierender Fünfsatz

1 Problemstellung
2 Bisher unerklärbare Daten …
3 … dagegen unsere Resultate …
4 Das ergibt eine neue Interpretation …
5 Die Konsequenz daraus …

9. Manuskript:
Sicherheit mit Händen halten

Nur Abenteurer machens ohne! Spickzettel reduzieren das Lampenfieber und geben Sicherheit. Und Ihr Publikum kann sehen, dass Sie sich vorbereitet haben.

Was steht auf dem Manuskript?

So wenig wie möglich! Auf keinen Fall ein ausformulierter Schreibtext! Der verleitet zum Ablesen und wirkt schlimmer als ein Röhrchen Schlaftabletten. Also möglichst nur Stichworte, markante Fragen und Merksätze. Ausformuliert sind höchstens Anfangs- und Schlusssätze sowie Überleitungen und notfalls einige Passagen, bei denen der genaue Wortlaut relevant ist.

Manuskripttypen

Jeder Redner entwickelt seine persönliche Manuskripttechnik. Das beruhigt – wie früher das Spickzettelschreiben in der Schule.

Spaltenmanuskript auf DIN A4-Karten
Im DIN A4-Format mit Spalten für Haupt- und Unterpunkte (Stichworte), Zeitmarken und Medien. Farben, Leuchtstiftmarkierungen und Absätze erleichtern die Orientierung. »Knautschzonen«, die bei Zeitmangel gekürzt werden können oder wegfallen, finden Sie auf einen Blick.

Kartenmanuskripte
Stabile Karteikarten in DIN A5 oder DIN A6 sind die gute Alternative zu unhandlichen und flatterigen DIN A4-Blättern, besonders, wenn Sie ohne Pult vor Publikum stehen. Auf die Karten schreiben Sie (einseitig) die wichtigsten Stichworte, Halbsätze, Formeln, Thesen oder Fragen – immer eine Karte pro Themenblock. Vorgetragene Karten wandern ans Ende des Kartenpacks. Die Karten sind nummeriert – vorsichtshalber.

Mind-Maps
Manche Referenten verwenden grafische Manuskripte, zum Beispiel Mind-Maps (Buzan 2005). Die sind entweder handgezeichnet, bunt und mit ikonenartigen Bildern versehen oder eher nüchterner per PC erstellt (www.mindman.com).

Plakate und Foliensätze als Manuskriptersatz
Nutzen Sie Ihre Plakate als Manuskriptersatz. Da steht alles gut lesbar drauf – und für Sie eventuell noch zusätzliche Ergänzungen in dünner Bleistiftschrift. Oder Sie hangeln sich von Folie zu Folie, aber dann brauchen Sie einen PowerPoint-Ausdruck in Notizfunktion.

Zeitangaben: Dem Glücklichen schlägt keine Stunde?

Das schönste Manuskript ist nur die Hälfte wert, wenn keine Zeitmarken drinstehen – entweder geplante Minuten oder die Uhrzeit, bis zu der dieser Part abgehandelt sein muss. Und natürlich haben Sie Ihre Uhr dabei und in Ihrem Blickfeld sichtbar platziert.

»Eigentlich ist alles
schon gesagt – aber
noch nicht von allen!«
(Karl Valentin)

10. Einstiege: Klug starten!

Das oberbayrische »Fensterln« lehrt, dass Einstiege unverzichtbar sind fürs Gesamtergebnis. Also auch keine Präsentation ohne Einstieg! In dieser Aufwärmphase schließen die Zuhörer vorangegangene Gedanken ab, stellen sich auf Referent und Thema ein und schalten auf Empfang. Bis zu 15 Prozent der gesamten Vortragszeit sind dafür angemessen. Es wäre unklug, unvermittelt mit der Tür ins Haus zu fallen. Rezepte für Einstiege finden Sie in Kapitel 22.

Einstiege: Sie erfüllen drei Funktionen

Einstiege helfen Referenten, sich warm zu laufen. In Richtung Publikum sind sie Türöffner und erfüllen drei wichtige Funktionen:

1. Kontakt aufbauen
Anfangs informell durch Vorgespräche, frühes Im-Raum-Sein, persönliches Begrüßen, durch persönliche Fragen nach Anreise oder Unterlagenversand. Der formelle Kontaktaufbau beginnt, sobald Sie auf der »Bühne« stehen, Blickkontakt mit der Runde aufnehmen und die ersten Worte sagen.

2. Neugierig machen
Gleich zu Beginn durch unübliche Aktionen Neugier wecken. Sie können Fragen stellen, aktuelle Ereignisse oder Probleme ansprechen, aus der Sicht der Gegenposition beginnen, umgedrehte Pinnwände bereithalten, überraschende Bilder zeigen, Videospots oder Interviews einspielen.

3. Orientierung geben
Spätestens jetzt verraten Sie Ihren Zuhörern Gliederung, Ziele und Nutzen Ihres Vortrags. Die Gliederung steht weithin sichtbar auf einem Flipchart- oder Pinnwand-Plakat. Dann leiten Sie zum ersten Hauptteil über.

> »Indem man sich zu einem Vortrag
> ueber einen Gegenstand anschickt,
> so ist es wohlgethan, zu bedenken
> und sodann Anderen mitzutheilen,
> wie man auf die Betrachtung
> gerade dieses Gegenstandes gekommen
> und unter welchen Umstaenden
> man nach und nach demselben
> mehrere Aufmerksamkeit zu widmen
> angeregt worden.«
> (Goethe)

11. Muntermacher: Damit alle wach bleiben!

Ein heißes und nützliches Thema, ein Titel, der alles auf den Punkt bringt, ein fesselnder Einstieg – das ist wertvolles »Hallo-Wach-Startkapital«. Aber bei längeren Vorträgen braucht sich das langsam auf. Es gibt Durststrecken, die Aufmerksamkeit sinkt, die Leute werden müde und merken sich immer weniger. Vorträge sind besonders störanfällig für Lähmung, denn »Musik von vorne« macht passiv. Aktivierung tut Not – zu Beginn und zwischendurch, als Muntermacher. Suchen Sie nach Möglichkeiten, die Teilnehmer früh und oft aktiv einzubinden. Damit sich Ihr Vortrag lohnt!

Mache ich die Zuhörer »betroffen«?

Betrifft das Thema die Zuhörer persönlich? Wo lassen sich Querbezüge herstellen? Zuhörer- oder Abteilungsnamen in die Präsentation einbauen. Persönliches Ansprechen einzelner Zuhörer mit Namen oder Sie sprechen Funktionen an: den Vertrieb, das Marketing … Verwenden Sie »Sie-Formulierungen«, die stimulieren im Breitband. Für Sie bedeutet das, dass sich jeder Ihrer Zuhörer ganz persönlich »angeklickt« fühlt.

Interaktionen: Dialoge pflegen!

Methode USA: Gleich am Anfang die Zuhörer fragen!
Auch bei großem Publikum kann man Eröffnungsfragen stellen: *»Wer von Ihnen arbeitet bereits mit Software XY? Darf ich um Handzeichen bitten!«* Natürlich fragen Sie nichts Ehrenrühriges oder kaum Entscheidbares. Sie wollen ja, dass mehr als 50 Prozent Ihrer Zuhörer kurz entschlossen reagieren. Bei einer kleinen Zuhörerzahl fragen Sie zusätzlich nach Erfahrungen – aber nicht in Gespräche einsteigen. Dann folgt die Überleitung zum Vortrag. Später kommen Sie auf Ihre Ausgangsfrage wieder zurück.

Mit Fragen überraschen Sie Ihr Publikum am besten gleich zu Beginn. Das lockert, macht munter und signalisiert Ihre Dialogbereitschaft. Später ist es viel schwieriger, die passive Kino- und Konsumhaltung aufzubrechen. Das merken Sie spätestens, wenn Sie die Abschlussdiskussion ohne solch vorangegangene Lockerungsübung in Gang bringen wollen.

Zuhörer miteinander ins Gespräch bringen!
Bringen Sie Ihre Zuhörer miteinander ins Gespräch: Entweder kurz vor dem Vortrag informell bei einem Stehkaffee im Foyer. Oder Sie überraschen mit zweiminütiger Nachbarschafts-Partnerarbeit als Vortragseinstieg: *»Sammeln Sie bitte mit Ihren linken Nachbarn kurz, was Sie zum Thema XX wissen möchten. An Ihrem Platz finden Sie Stifte und Papier. Halten Sie Ihre Fragen auf einem gemeinsamen Notizzettel fest. Ich werde im Vortrag darauf zurückkommen. Sie können*

so jederzeit prüfen, welche Ihrer Fragen schon erledigt sind. Wenn gegen Ende noch immer welche offen sein sollten, dann ist dafür in der Schlussrunde noch genug Zeit.«

Doppel-Dank für Zuhörerfragen

Fragen aus dem Publikum sind (fast immer) ein belebendes »Hallo-Wach« für alle. Also nichts ist besser, als dass einige sich zu fragen trauen. Dieses Potenzial hegen und pflegen! Also Teilnehmerfragen während des Vortrags nicht abwimmeln, auch wenn die Frage »fehlerhaft« ist. Bewährt hat sich folgende Doppel-Antwort: Einerseits eine positive »emotionale Quittung« als Dankeschön, dass überhaupt gefragt wurde. Und andererseits eine kurze (!) inhaltliche Antwort. Die kann dann auch Sachverhalte richtig stellen: *»Danke. Sie haben Recht, aber so ist es nur im Regelfall. Hier ist es leider anders, nämlich …!«*

Unpassende Fragen parken

Fragen, die im Augenblick gar nicht in die Reihe passen und sich auch nicht sofort mit zwei Sätzen beantworten lassen, öffentlich sichtbar im »Fragenspeicher« notieren (zum Beispiel auf einem Flipchart). Das macht es Fragenden leichter, auf später vertröstet zu werden.

Signale setzen: Aufmerksamkeit wecken!

Storys, Beispiele, anschauliche Vergleiche, Metaphern, Irritationen und Provokationen, Knobel- und Rätselaufgaben, rhetorische Fragen, wörtliche Rede, Medienwechsel und Medienmix halten wach.

Vorankündigungen gezielt als Aufmerksamkeitssignale setzen, zum Beispiel: *»Auf der folgenden Folie werden Sie … sehen. Da geht es um den Zusammenhang von XX mit ZZ.«* Und erst anschließend zeigen Sie das angekündigte Bild. Solche Vorabsignale wirken wie Ankündigungsschilder auf der Autobahn. Sie verhindern, dass die Zuhörer wichtige Aussagen (Ausfahrten) verpassen.

12. Verankern: Wiederknüpfen und verholen

Ihr Vortrag soll merk-würdig sein!

Die Leitfrage: Was sollen meine Zuhörer auf alle Fälle in Erinnerung behalten? Was soll verankert werden? Das gilt für die Botschaft und die wichtigsten Kernaussagen der Präsentation.

Merk-würdig werden Präsentationen auch dadurch, dass sie (leicht) anders ablaufen, als man üblicherweise erwartet.

Anknüpfen an Bekanntes

Neue Sachverhalte haften besser in den Köpfen der Zuhörer, wenn sie dort an bereits Bekanntes »anknüpfen« können. Analogien, Beispiele und konkrete Praxisfälle sind gute Merk-Anker.

Vorgeschichte aktivieren

Anknüpfen an die »Vorgeschichte« der Zuhörergruppe, zum
Beispiel an den Vorredner, an eine Episode vom Vormittag
(die allen noch in Erinnerung ist) oder an ein eben geführtes
Pausengespräch.

Fürs Abspeichern sorgen

Knappe Teilzusammenfassungen und Wiederholungen am
Ende von Unterpunkten verhindern, dass wichtige Aussagen
untergehen. Folien, Plakate und Demo-Exemplare unterstützen das Merken visuell. Sie sind Merk-Anker für Augenmen-
schen. Manchmal kann man auch die Zuhörer um eine Zu-
sammenfassung bitten.

13. Sprache und Sprechweise: Bin ich verständlich?

Machen Sie sich nicht verrückt: Zu viel Augenmerk auf Rhetorik und perfekte Sprechweise bringt selbstkritische Redner eher durcheinander. Wenn Inhalt und Aufbau stimmen, müssen Sie nicht unbedingt Bühnen-Deutsch sprechen, denn: »Vor dem Kehlkopf kommt der Kopf!«

商等形式。此类作业小组的工作成效远远超过那些只有某一人参与所带来的成果。作业小组还表现在这些方面：设想或计划一个专题范围：设制一种特定的、Fachchinesisch 因此小越会议的气氛因此小 将作业小组作如此计划、安排和解释，必须要有一个能作用于对话技术、视觉技术、内容丰富以及控制小组技术的 "万能钥匙济磋主持者必须明白，哪些工具适用于哪些工作步骤，与此同时他们还必须展示出可信的判断力，什么是这些小组适用于他们能力性所需要的。既紧张又富有劳动成果 sollten 作业小组还表企业我们的小组 Sie 业法是从传统的企业管理会企业 vermeiden! 商会谈以及研讨、解说方式，直至超越这种方法中产生的。因此小组作业法不仅仅对计划、作业小组的指导。而且也为信息交流、解决难题。以及在公务对话中作出决策指明方向：

Hamburger Psychologen (Langer/Schulz von Thun/Tausch 2002) haben Bewertungskriterien für die Verständlichkeit von Texten entwickelt. Ihre vier Dimensionen passen auch für Vorträge:

1. Einfachheit,
2. Gliederung/Ordnung,
3. Kürze/Prägnanz,
4. zusätzliche Stimulanz.

1. Einfachheit	+2	+1	0	−1	−2	Kompliziertheit
einfache Darstellung	*	*				komplizierte Darstellung
kurze, einfache Sätze	*	*				lange, verschachtelte Sätze
geläufige Wörter	*	*				ungeläufige Wörter
Fachwörter erklärt	*	*				Fachwörter nicht erklärt
konkret	*	*				abstrakt
anschaulich	*	*				unanschaulich

2. Gliederung/Ordnung	+2	+1	0	−1	−2	Ungegliedertheit/ Zusammenhanglosigkeit
gegliedert	*	*				ungegliedert
folgerichtig	*	*				zusammenhanglos, wirr
übersichtlich	*	*				unübersichtlich
gute Unterscheidung von Wesentlichem und Unwesentlichem	*	*				schlechte Unterscheidung von Wesentlichem und Unwesentlichem
der rote Faden bleibt sichtbar	*	*				man verliert oft den roten Faden
alles kommt schön der Reihe nach	*	*				alles geht durcheinander

3. Kürze/Prägnanz	+2	+1	0	−1	−2	Weitschweifigkeit
zu kurz		*	*			zu lang
aufs Wesentliche beschränkt		*	*			viel Unwesentliches
gedrängt		*	*			breit
aufs Lehrziel konzentriert		*	*			abschweifend
knapp		*	*			ausführlich
jedes Wort ist notwendig						vieles hätte man weglassen können

4. Zusätzliche Stimulanz	+2	+1	0	−1	−2	Keine zusätzliche Stimulanz
anregend		*	*	*		nüchtern
interessant		*	*	*		farblos
abwechslungsreich		*	*	*		gleich bleibend neutral
persönlich		*	*	*		unpersönlich

Nicht bei allen Dimensionen sind die Extreme optimal. Die besten Lösungen sind mit Sternchen (*) markiert, also zum Beispiel: »kurz«, aber nicht »zu kurz«.

Der kleine König

Stakkatosprechen: Tempolimit durch Sprechpausen

Es genügt nicht, wenn Ihr Vortrag den geplanten Stoff möglichst schnell »ablädt«. Die Zuhörer müssen die Inhalte ihrerseits verstehen und verarbeiten. Zum Vortrag muss der »Wegtrag« kommen! Also: Langsam reden, Sprechpausen lassen! Zuhörer verwandeln Sprechpausen in Denkpausen. Zu viel »Speed« blockiert Verstehen und Merken – ein böses Eigentor für die Präsentation.

Schnellsprecher greifen zur List des »Stakkatosprechens«: Behalten Sie notfalls Ihr hohes Sprechtempo bei, aber legen Sie zwischendurch viele kleine (sinnvolle!) Sprechpausen ein.

Versprecher schaden nicht!

Freie Formulierungen sind lebendiger als abgelesene Vortrags-Schriftsprache, auch wenn sich dann mehr Versprecher einschleichen. Zuhörer sind wegen des Themas hier. Versprecher und Füllwörter (»ähs«, »hms«) interessieren sie nicht. Darauf achten nur selbstkritische Referenten. Also: Keine Angst vor Versprechern!

Selbstkontrolle und Mikrofontest

Sprechtempo, Aussprache (Artikulation) und Stimmführung (Modulation) gelegentlich mit Tonband- oder Videoaufzeichnung überprüfen. Falls möglich, schon vorher Erfahrung mit der Mikrofonanlage sammeln. Wo ist der Einschaltknopf? Wie laut muss ich sprechen? Welcher Abstand zum Mikrofon bringt guten Klang?

»Mund-Art« statt Schreib-Deutsch

Nichts ist schlimmer als abgelesene Vorträge in steifem Schreib-Deutsch. Da sind freie Formulierungen und zwischendurch auch regionale Mund-Art tausendmal lebendiger.

14. Körpersprache:
Was sagt mein Körper?

»Die Arme nicht vor dem Oberkörper verschränken! Die Arme nicht hinter dem Rücken verstecken! Die Handflächen freundlich dem Publikum zudrehen! Nicht von einem Bein aufs andere hüpfen! …« Es gibt viele gute Ratschläge zur Körpersprache. Das meiste davon ist Küchenpsychologie und wer sie befolgt, wirkt allzu leicht unnatürlich. Vor allem aber bindet das Befolgen solcher Regeln unverhältnismäßig viel Energien. Besser dran sind Sie, wenn Sie darauf vertrauen, dass Ihr Körper schon die Lebendigkeit hat, die zu Ihnen und zur Situation passt.

Die »Bühne« freiräumen und Wechsel planen!

Denken Sie während der Präsentation nicht an Ihre Körpersprache! Aber bei der Vorbereitung achten Sie auf klugen »Bühnenbau«: Projektor, Manuskripttisch, Flipchart und Stühle der Zuhörer stehen so, dass ihnen noch Bewegungsspielraum bleibt. Statt permanent daran zu denken, nicht als »Pattex-Referent« unlösbar am Fleck zu kleben, planen Sie Medienwechsel zwischen Notebook und Flipchart. Das zwingt Sie unweigerlich, einige Schritte zu gehen. Und wenn Sie dort auch noch schreiben, dann belebt sich Ihre Körpersprache wie von selbst.

Wohin mit den Händen?

Schamhafte »Sylthaltung«, »betende« Hände, Manuskript knüllen? Mit Karteikarten als Mini-Manuskript oder einem dicken Filzstift haben Sie etwas in der Hand und diese Probleme gelöst.

Blickkontakt: Ich schaue sie mir alle an!

Der heiße Tipp: Immer wieder in die Runde schauen. Rechts und links außen nicht vergessen! Andernfalls sind Sie:

»Heiliger«	= Blick gen Himmel gerichtet
»Schwammerlsucher«	= Blick starr auf den Boden
»Manuskriptverehrer«	= Blick auf die Unterlagen geheftet
»Medienhäftling«	= Blick nur für Rechner oder Flipchart
»Extremist«	= »rechts- oder linkslastig«
»Hypnotiseur«	= auf nur einen Teilnehmer fixiert, zum Beispiel auf den, der als Erster eine Frage gestellt hat

Lampenfieber: Unerwünschte »Körpersprache«

Der Körper »spricht« manchmal auch nach innen. Wir interpretieren das als »Schmetterlinge im Bauch«. In dieser Aufregung steckt aber auch positive Energie. Schauspieler kennen das.

Lampenfieber und Blackout – kaum einer merkts
Alles halb so schlimm! Zuhörer registrieren »Hänger« und Blackouts in der Regel gar nicht oder nehmen sie nicht krumm. Referenten erscheinen dadurch »menschlicher«. Schließlich ist man ja wegen des Inhalts da!

Vorbeugende Maßnahmen
Ein oder zwei Generalproben, Vorfeldkontakte mit einzelnen Zuhörern, ein klarer roter Faden, ein durchdachter Einstieg, eine kluge Medienwahl, ein strukturiertes Manuskript, die Präsentation als Duo, Dialoge mit dem Publikum – was soll da noch schief gehen?

Notfall-Lösungen
Tiefes Durchatmen und eine kleine Denkpause, Wiederholen der letzten Aussage oder nochmaliges Aufgreifen der letzten Folie helfen über die Runden. Manche reden nach einer kurzen Schnaufpause einfach weiter und kommen eventuell später auf den verlorenen Gedanken zurück. Alles halb so schlimm.

Lächel- und Nick-Energie aus dem Publikum
Eigentlich ist es ein Geheimnis: Sehr aufgeregte Vortragende setzen wohlgesonnene Gäste ins Publikum. Die schauen freundlich drein, lächeln gezielt und nicken häufig unauffällig zustimmend. Das sendet Sicherheit – unterhalb der Wahrnehmungsschwelle. Und es wirkt!

15. Veranschaulichen! Menschen sind Augentiere

Veranschaulichung stimuliert Aufmerksamkeit und Motivation, klärt Inhalte, sichert Verstehen, Merken und Erinnern. Zuhörer wollen es »anschaulich«, sie wollen was »begreifen«. Gute Präsentationen müssen also auch »ins Auge gehen«.

Sie sind Medium Nummer EINS – trotz aller Technik!

Filmvorführer gehören ins Kino! Beim Präsentieren sind die Vortragenden das wichtigste Medium. Sie geben Orientierung, klären Sachverhalte, machen auf Alternativen aufmerksam, geben Bewertungen ab, rufen zu Entscheidungen auf. Technik und Medien dürfen nur dienen und vor allem nicht komplizierter sein als der zu erklärende Sachverhalt.

Veranschaulichung: Es geht um die »Bilder im Kopf«

Die Folien an der Wand sind nicht das Wesentliche – und seien sie noch so gut, vollständig und perfekt! Sie sind und bleiben zweidimensionale »Licht«-Bilder. Erst in den Köpfen und Herzen der Zuschauer bekommen sie Kraft! Als Vortragender wird man diesen »Bild-Transfer von der Wand zum Menschen« unterstützen: Zuschauer neugierig machen auf die nächste Visualisierung, den Appetit wecken, die Wichtigkeit einzelner Bildkomponenten erklären, Feinheiten und Nutzen hervorheben, auf Unterschiede hinweisen. Und wenn Sie Beispiele anschaulich erzählen, dann beginnen Ihre »Zuschauer« sogar mit den Ohren zu sehen.

Medien-Askese: Weniger ist mehr!

Jede Folie konkurriert mit allen anderen Folien um die Aufmerksamkeit der Zuschauer. Also abspecken, »Tränen des Abschieds« weinen und auf die »Ausnahmen des Sonderfalls« verzichten. Zwischendurch bildfreie Zeiten einbauen, damit Auge und Hirn zur Ruhe kommen! Für spezielle Fragen aus dem Publikum haben Sie notfalls Reserve-Charts im Back-up.

Medien-Mischkost: Nicht immer das Gleiche!

Nicht immer nur Leinwand-Projektionen mit zum Verwechseln ähnlichen Bullet-Point-Aufzählungen! Beim Essen würden Sie es auch bald satt bekommen, wenn tagaus tagein das gleiche Gericht serviert würde – selbst wenn es Ihre Leibspeise wäre. Das ist bei Medien nicht anders. Auch die raffinierteste Visualisierungs-Idee nutzt sich ab. Also mehr »Mischkost«: Beamer, Flipchart, Großformat-Poster, Pinnwände, großformatige Ablaufschemata auf dem Boden zum »Durchgehen« (»Bodeninstallation«), mitgebrachte Gegenstände, interessant gemachte Handouts, kurze Videos oder Hörbilder, plastisch erzählte Beispiele …

Auch den Darstellungsformen tut Abwechslung gut: Worte, Sätze, Texte, Zahlen, Schemazeichnungen, Strukturdarstellungen, Vergleiche und Gegenüberstellungen, Kurven, Tabellen, Diagramme, Bildstatistiken, Montagen und großformatige Fotos. Und trotz aller Mischung eine möglichst durchgehende »Linie«, damit es kein grafisches Kuddelmuddel wird.

Absichtsvoll: Darbietungsdauer und Perfektionsgrad

Dauer- und Kurzfrist-Medien
Großformatige Poster und Flipchart-Plakate stehen als »Dauer-Medien« die ganze Präsentation über im Raum (außer man »flipt« sie weg – nach diesem Nachteil sind Flipcharts benannt). Sie zeigen das Wichtige und Bleibende: beispielsweise die Agenda, zentrale Begriffe, Formeln, Grundsatzthesen, Kernaussagen, Botschaften.

»Kurzfrist-Medien« sind jeweils nur kurzzeitig im Blick (dabei kann es sich um Folien, Beamer-Projektion, Video- oder Toneinspielungen handeln). Sie eignen sich für Detailinformation und für Beispiele.

Zwischen Handmade und Perfektion
Ziel, Situation, Publikumserwartung, Thema und Zeit definieren den »richtigen« Perfektionsgrad. Allzu hochgestylte Visualisierungen laufen Gefahr, »glatt« zu werden. Sie gehen dann nicht unter die Haut oder signalisieren, dass alles bereits entschieden und abgeschlossen ist. Für eine Marketing-Präsentation vor Kunden mag das stimmen, als Auftakt-Präsentation für einen Kreativ-Workshop wäre das die falsche Botschaft. Also hängt es nicht nur von der verfügbaren Vorbereitungszeit und dem technischen Können ab, welche Medien-Perfektion Sie wählen.

Fertigungszeitpunkte: Fix und fertig, live und teilfertig

»Fix-und-Fertig-Medien«
Bei mitgebrachten Medienkonserven ändert sich während der Darbietung nichts (bei Dias, ausgedruckten Folien, Großplakaten, Videofilmen und 80 Prozent der PowerPoint-Projektionen). Sie sind sofort startklar und mehrfach verwendbar, aber verführen Referenten zur schnellen Darbietung »Schlag auf Schlag«. Zuschauer macht das »fix und fertig«!

»Live-Medien« – Schnelle Handskizzen vor Publikum
Eine schnelle Handskizze live auf einem Flipchart zeichnen – das hat zwischendurch Charme, gerade, weil das so selten geworden ist. Die Zuschauer können Gedankengang und Entstehungsprozess mit nachvollziehen und sehen ein Unikat mit persönlicher Note »extra für uns«.

Das klappt »spontan« besonders gut, wenn Sie sich auf wenige Striche, Worte oder Zahlen beschränken und die Zeichnung bereits im Vorfeld üben – ohne Perfektionsanspruch aber mit Tempo (s. Frank 2004). Notwendiger Materialbedarf: ein Flipchart, dicke Filzstifte in unterschiedlichen Farben sowie ein Klebeband, wenn Sie Ihre Kunstwerke anschließend an der Wand oder an eine Pinnwand hängen.

»Teilfertig-Medien« – Fertig und live zugleich
Eine interessante Kombination: Früher ergänzte man vorgefertigte OHP-Folien vor Publikum um wichtige Zahlen, Pfeile beziehungsweise Worte oder legte als »Overlay« schrittweise mehrere fertige Folien übereinander. Dadurch entstand nach und nach ein immer komplexeres Gesamtbild. Bei inhaltlich dichten Sachverhalten übernimmt nun eine PowerPoint-Animation diese »entwickelnde Darbietung«.

In den vertiefenden Kapiteln 16, 24 und 25 finden Sie mehr über Folien, Folien-TÜV und Folien-Führerschein.

16. Folien-Erotik: Liebe auf den ersten Blick?

Machen Ihre PowerPoints an?

Layouts und Rahmen, Textfülle, Struktur und Raumnutzung, Bildkomponenten, Schriftarten, Schriftgrößen, Farben, Überschriften, … das sind rationale Gestaltungskriterien für Folien. Für das Publikum einer Präsentation sieht die Sache anders aus. Mit mehr oder minder viel Überleitung sehen die plötzlich eine neue Folie an der Wand. Noch bevor sie die inhaltlich verstehen, haben sie bereits den »ersten Eindruck«, eine Anmutung, werden neugierig oder abgeschreckt, bekommen Lust auf mehr oder das dumpfe Gefühl des Erschlagenseins.

Der erste Eindruck: Erotik-Schätzskala von 0 bis 100 Prozent
Testen Sie Ihre PowerPoint-Folien im Vorfeld und bitten Kolleginnen und Kollegen um deren Bewertung auf den ersten Blick: »*Wie sexy ist diese Folie auf einer Skala von 0 bis 100 Prozent?*« Nie werden alle Folien Traumwerte bekommen, aber der Durchschnitt muss stimmen.

Damit sich Ihre Folien wirklich sehen lassen können

Ordnung und Struktur – auf den ersten Blick!
Zuhörer sollen auf einen Blick sehen, was zusammen gehört oder sich gegenüber steht. Blockweise Anordnung von Zusammenhängen, schematische Darstellung von Sinnblöcken oder Abläufen, gut sichtbare Blickfang- und Strukturzeichen ● ➤ ■ ◆, Eyecatcher an der wichtigen Stelle, klare Ziffrierung, Rahmung in Kästen, Farben als Gruppierungshilfe erleichtern Betrachtern den Überblick.

»Bild schlägt Wort!«
Nicht immer stimmt der markige Satz »Ein Bild sagt mehr als tausend Worte!« (das merken Sie, wenn Sie diesen Satz in ein Bild übersetzen wollen), aber dran ist trotzdem was. Also wann immer möglich, Abbildungen (Fotos), Kästen, Schemazeichnungen und logische Bilder (Grafiken, Tabellen, Strukturdarstellungen) in die Folien einbauen.

Weniger Text-Folien!
Reine Volltext-Folien sterben langsam aus. Gut so! Strukturierte Text-Folien mit Aufzählungen **1 2 3** oder Bullet-Points ■ ● sind noch häufig. Da sollten wenigstens die Zeilenabstände die Struktur sichtbar machen: Zwischen Textblöcken sind sie größer als innerhalb eines Textblocks. Dann sieht man auf einen Blick, was wo hingehört.

Nichts für Augenärzte: Schriften, Schriftgrößen
Grafischen Kunstwerken ist alles erlaubt. Aber für Folien sind zwei Schriftarten manchmal schon zu viel – vor allem, wenn die auch noch fett, mager beziehungsweise kursiv dargestellt werden. Nicht

an der Schriftgröße sparen – außer Sie kooperieren heimlich mit Optikern und Augenärzten (ab 24 pt ist Text gut lesbar, Überschriften ab 30 pt).

Serifenfreie Schriften sind inzwischen Standard (zum Beispiel die Arial) und haben die Serifen-Schriften mit ihren »Schwänzchen« verdrängt (zum Beispiel die Times).

Immer mit Titel, Kernaussage und »Message«!

Wer Inhalte einfach nur in Folien transformiert, denkt nicht vom Ziel her: Das Publikum soll etwas erfahren, lernen, glauben oder machen. Das darf man nicht dem Zufall überlassen, sondern man muss es glaubwürdig, klar und deutlich sagen und auch zeigen. Da setzen entsprechende Kernaussagen, Merksätze und Botschaften die Akzente.

Überschriften sollen Neugier wecken!

Noch bevor die Zuhörer eine Folie ganz verstanden haben, sollen sie deren Kernaussage visuell erfassen und ahnen, wohin die Reise geht. Das zu leisten ist Aufgabe der deutlich erkennbaren Überschrift. Klug formuliert, gibt sie Orientierung und macht neugierig. Also wird man sie möglichst knackig formulieren, in Frageform oder als nützliche These verpacken.

Welche »Message« hat Ihre Folie?

Es wird Folien ohne Kernaussage, Merksatz oder Botschaft (»Message«) geben. Aber wenn das für alle Ihre Folien zutrifft, dann stimmt etwas nicht. Jeder im Publikum wird sich sonst Unterschiedliches herauspicken oder sich gar nichts merken. Es lohnt sich, jede Folie auf Ihre Botschaft hin »zuzuspitzen« und diese entsprechend visuell zu ankern. Auf der Tonspur werden Sie diese Message ebenfalls »einmassieren« – andernfalls bleibt alles flüchtig.

Die Message einmassieren!
Die Message einmassieren!
Die Message einmassieren!

Folien-Passung: Es kommt auf den Anlass an

Folien für Produkt-Präsentationen vor Kunden sind gestylt, beeindruckend und folgen allen firmeninternen Richtlinien des Corporate Designs. Entscheidungsvorlagen für Chefs profitieren von schnörkellosen Folien. Info-Präsentationen locken mit Eyecatchern. Visionäres braucht vielleicht Handgezeichnetes. Schulungsfolien leben vom Werkstattcharakter, damit sich daran Diskussion entzündet. Es gibt also nicht »die« richtige Folie.

Die Message einmassieren!

17. Finale:
Den Schlusspunkt setzen!

Der letzte Eindruck ist der beste. Auf den Vortragsabschluss verzichten Sie deshalb nie! Wenn die Zeit knapp wird, notfalls, lieber einen Unterpunkt des Hauptteils kürzen oder weglassen.

Summen bilden und Vortrag abrunden

Eine kurze Gesamt-Zusammenfassung hilft den Zuhörern beim Einsortieren ins Gedächtnis. »Rund« werden Vorträge, wenn der Vortragsabschluss den Eingangsgedanken oder die Eingangsgliederung wieder aufgreift. Natürlich hat auch das Goethe schon gesagt:

»*Lass den Anfang mit dem Ende sich in eins zusammenziehn.*«
(Goethe)

Perspektiven aufzeigen und weiterführende Tipps geben

Abschließende Ausblicke, Perspektiven oder Prognosen reizen zum Weiterdenken und regen die Diskussion an. Weiterführende Tipps zum Thema, Adressen, Literaturhinweise oder Hinweise auf Anschlussthemen finden immer dankbare Abnehmer.

Ein Meinungsbild als Abschluss?

Wie wäre es mit einem schnellen »Blitzlicht« (Statementrunde) am Ende Ihrer Präsentation? Sie bitten alle Zuhörer um eine kurze abschließende Stellungnahme zum Thema (Frage ist auf Flipchart vorbereitet), lassen einen Moment zum Nachdenken und dann kommen alle reihum zu Wort. Bei größeren Gruppen immer nur jeden Zweiten oder Dritten fragen. Nach diesem öffentlichen Meinungsbild haben Sie freie Bahn für die Abschlussdiskussion. Ideal, wenn diese Schlussfrage auch schon Bestandteil des Einstiegs war.

18. Abschlussdiskussion:
Die letzten Klippen meistern!

Für eine Frage-Antwort-Runde zum Abschluss spricht viel: Die Teilnehmer werden nochmals aktiv. Als Referent bekommen Sie Rückmeldung, was wie angekommen ist. Sie können noch nachjustieren und abschließende Akzente setzen. Die Schlussdiskussion wird lebendiger, wenn Sie schon ab Beginn eine Frage-Antwort-Atmosphäre aufbauen und Reibungspunkte anbieten. Verteilte Handouts, dauernd sichtbare Medien und im Raum hängende Plakate heizen zusätzlich die Diskussion an – weit mehr als nur kurzfristig gezeigte Folien. Zu vollständige und zu »runde« Vorträge machen es Zuhörern schwer, abschließend noch etwas zu diskutieren.

Zeit und Diskussionsleitung vorab klären!

Ausreichend Zeit für die Abschlussrunde einplanen. Schon vorher klären, ob es einen Diskussionsleiter oder eine Moderatorin gibt, der/die leitet und bei heißen Themen notfalls die Wogen glättet.

»Hat etwa noch irgendjemand irgendwelche Fragen?«

Damit killen Sie Beiträge aus dem Publikum mit Garantie. Fragen Sie freundlicher. Dann still sein, Flipchart und Stift holen, hoffnungsfroh ins Publikum schauen und abwarten. Die Zuhörer müssen erst umschalten. Das dauert. Behandeln Sie den ersten Fragenden und seinen Beitrag wie ein rohes Ei! Das ermutigt auch die anderen Zuhörer zu Diskussionsbeiträgen.

Zuerst alle Fragen sammeln!

Zuerst alle anstehenden Fragen stichpunktartig auf einem Flipchart oder einem Notizblatt sammeln und erst anschließend mit den Antworten beginnen. Jetzt wissen Sie, wie viele und welche Fragen im Raum stehen und können Ihre Antworten darauf abstimmen. Nebenbei gewinnen Sie Zeit zum Nachdenken. Nie ins Blaue hinein antworten, sondern bei Unklarheiten mit einer Gegenfrage den Hintergrund einer Frage ausloten.

»Goldene Regeln« für kritische Fragen

Nehmen Sie Angriffe nicht persönlich! Hören Sie das Anliegen heraus! Klären Sie, was der sachliche Kern ist! Deuten Sie den Angriff in eine Sachfrage um! Zeigen Sie Verständnis – aber ohne zu schnelle Zugeständnisse! Antworten Sie sachlich! Vermeiden Sie Konfrontation! Reagieren Sie bei Einwürfen flexibel: quittieren, kurz behandeln, zurückstellen oder ignorieren. Mehr dazu in Kapitel 26.

Schluss-Tipps für das Ende

Visualisierung als Retter in der Not
Immer Flipchart oder papierbespannte Pinnwand für Handskizzen bereithalten (»Notfall-Flip«). Ergänzende Informationen haben Sie startklar im Backup des Foliensatzes – Sie kennen ja Ihre Pappenheimer.

Express-Antwort: »Zweitvortrag« vermeiden!
Fragesteller wollen kurze und prägnante Antworten. Oft genügen schon ein, zwei Sätze. Fragen Sie dann nach, ob Ihre Express-Antwort für den Augenblick genügt. Mehr Information können Sie immer noch nachschieben.

Hypnose: Vorsicht Dialogfalle!
Ungeübte Referenten beißen sich bei einer fragenden Person oder einer Frage fest und verlieren dadurch allen Aktionsradius. Ähnliche Lähmungen lösen Schlangen bei Kaninchen aus. Aber weder sind Sie ein Karnickel noch Ihre Zuhörer Schlangen!

Auswertungsfragen für das Bewerten von Vorträgen

❖ **Auswahl von Inhalt und Titel**
Welche Ziele verfolgte der Referent? (Kapitel 1)
Passte das Thema zu den Zuhörern und zur Situation? (Kapitel 2)
Genügend weggelassen? (Kapitel 3)
Wie lautete die »Botschaft«? (Kapitel 3)
Welchen Nutzen hatten die Zuhörer? (Kapitel 4)

❖ **Struktur und Aufbau**
Wo war der rote Faden? (Kapitel 5, 6)
Hat der Einstieg neugierig gemacht? (Kapitel 10, 22)
Blieben die Zuhörer wach und aktiv? (Kapitel 11)
Wodurch wurde »verankert«? (Kapitel 12)
Ende gut, alles gut? (Kapitel 17, 18)

❖ **Sprache und Körpersprache**
Akustisch und in Wortwahl und Satzbau verständlich? (Kapitel 13)
Was »sagte« der Körper? (Kapitel 14)

❖ **Medieneinsatz**
Was war fürs Auge gut? (Kapitel 15, 16, 21, 23, 24, 25)

❖ **War es beeindruckend und überzeugend?**

Sie sind bis hierher vorgedrungen. Ihre nächste Präsentation profitiert davon. In den folgenden Kapiteln finden Sie Vertiefungen, Spezialthemen und ungewöhnliche Alternativen.

19. Prä und Post:
Vor- und Nachspiel

Irgendwann ist das Potenzial für das Optimieren des Vortrags ausgereizt. Der nächste Entwicklungsschritt: Aktivitäten vor und nach der Präsentation! Von den großen Events kann man das lernen. Die setzen alles dran, dass nicht nur die Veranstaltung selbst ein Highlight wird: Wochen vorher nehmen sie Kontakt mit ihrem Publikum auf und stimmen es ein auf das Thema. Und nach der Veranstaltung ist auch nicht schlagartig Schluss. Nachfassaktionen unterschiedlicher Reichweite und Dauer folgen. Nicht alles davon lässt sich auf Ihre Präsentation übertragen, aber mehr, als Sie im ersten Moment vermuten.

Vorher: Chancen im Vorfeld

Im Vorfeld haben Sie vielleicht schon mit einigen typischen Teilnehmern telefoniert, um wirklich das zu bringen, was die wissen wollen. Das dient Ihrer Vorbereitung. Aber auch Ihre späteren Zuhörer sollen sich frühzeitig ins Thema einstimmen. Schicken Sie ihnen Ankündigungen, Notizen, Bilder, Gegenstände, einen Fragenkatalog oder Rätsel – kurz, knapp und markant aufgemacht. Das geht auch per E-Mail und intern über das Intranet. Hauptsache, es weckt Neugier und »klickt« das Thema auf interessante Weise an.

Vorher: Kurz vor Beginn

Einige Zuhörer sind immer früher da, andere kommen auf den letzten Drücker. Diese Zeitspanne für Visuelles nutzen: Eine kleine Pinnwand- oder »Demo-Ausstellung« im Foyer beziehungsweise Vortragsraum, eine kurze Video- oder Diashow, kopierte Thesen im Kartenformat und vieles mehr. Zusätzlich begrüßen Sie die ersten Teilnehmer persönlich oder machen Leute untereinander bekannt. Und wenn es in dieser Pufferzeit einen Stehkaffee gibt, dann kommen Zuhörer miteinander in Kontakt.

Nachher: Chancen im Nachhinein

Mit dem Schlusswort verschwinden Sie nicht wie vom Erdboden verschluckt! Sie haben Ihre Telefonnummer und Adresse bekannt gegeben (steht im Handout), Sie haben noch im Vortrag um Visitenkarten gebeten und stehen anschließend für Fragen zur Verfügung. Wahlweise interviewen Sie gezielt einzelne Zuhörer. Das geht ganz elegant, wenn in der Einladung ein »Ausklang« angekündigt war.

Einige Tage später verschicken Sie Auszüge Ihrer Medien oder Zusatzinformationen, stellen Teile Ihres Vortrags ins Internet, starten eine kurze Befragung oder rufen Zuhörer an.

Dazulernen: Um Rückmeldung bitten

Nachfassaktionen müssen nicht nur der PR Ihres Themas dienen. Sie sind auch Lernchancen. Bitten Sie einzelne Zuhörer, Kollegen oder den Chef um persönliche Rückmeldung zu Ihrem Vortragsstil und zum Medieneinsatz. Vielleicht war ein Tonband- oder Videomitschnitt möglich, den Sie jetzt auswerten. Die Leitfragen für den Lernzuwachs: Wo liegen meine Stärken und Schwächen? Wo sind meine nächsten »Zonen der Entwicklung«? Was gehe ich bei der folgenden Präsentation gezielt an? Und weil Sie wissen, dass der Weg zur Hölle mit guten Vorsätzen gepflastert ist, werden Sie sich klugerweise nicht zu viel auf einmal vornehmen!

20. Alternativen: Vortrag ohne »Vortrag«

»*Bei der nächsten Außendienstklausur müssen wir unseren Partnern dringend etwas über die Neueinführung von Adrunax-B erzählen. Ich hätte gerne, dass Sie darüber einen Vortrag halten.*« So ungefähr lauten viele Aufträge für Präsentationen. Stopp! Nicht gleich an einen klassischen Vortrag denken! Einmal tief durchatmen: Was soll erreicht werden? Eine Botschaft soll klar rüberkommen und die Zuhörer sollen geschlossener hinter einem Produkt stehen. Einen solchen Lernprozess können Sie mit Vorträgen »ankicken«. Aber wenn bei diesem Meeting noch fünf weitere Präsentationen auf dem Programm stehen? Und werden die Zuhörer wirklich aktiv, wenn sie im Meeting sitzend etwas vorgetragen bekommen? Es gibt andere Wege, um die gleichen Ziele zu erreichen!

Vortrag als Führung: »Poster-Vernissage«

Streng genommen ist das zwar immer noch »Musik von vorne«, aber an wechselnden Stationen im Raum. Und die Zuhörer wandern mit.

Mehrere Bühnen: Das Thema »durchgehen«
Die zu vermittelnde Information portionieren Sie in drei bis vier Blöcke im Raum. Pro Block kommt die wichtige Information auf große Plakate (handgezeichnet oder hochkopiert). Bei Station 1 geben Sie eine kurze Einführung und die erste Info-Portion. Dann wandern Sie mit allen zu Station 2. Dort sind die nötigen Medien bereits startklar. Sie präsentieren hier den nächsten kurzen Informationsblock und ziehen anschließend gemeinsam weiter zu Station 3. Dort kommt der dritte Infoblock. Eventuell kommt noch ein vierter Block dazu.

Bei jeder Station wird kurz Zeit für Verständnisfragen und Express-Antworten eingeräumt. Am Ende dieser »Prozession« durch den Raum landen alle wieder bei der ersten Station zum Summary oder zu einer Gesamtdiskussion. Das klappt – wir haben es oft genug erfolgreich erprobt! Sie brauchen nur etwas Platz zum Bewegen, zudem Möglichkeiten, die Plakate aufzuhängen und Sie müssen sich trauen, die Zuhörer zu einer kleinen »Führung« einzuladen.

Damit man nicht zu lange stehen muss
Bei langen Präsentationen gehen Sie mit Ihren Zuhörern gleich zu Beginn kurz und knapp durch die einzelnen Stationen und konzentrieren sich auf die jeweiligen Knackpunkte – eine Ein-Führung im wahrsten Sinne des Wortes. Den eigentlichen Vortrag gibt es nach dem Rundgang im Sitzen – ganz konventionell. Die Bewegung vorneweg hat allen gut getan.

Eine Variante für kleinere Gruppen und großen Raum: Teilnehmer, die nicht längere Zeit stehen wollen, nehmen ihre Stühle selbst von Station zu Station mit.

Plakat-Formate
Die Größe der Plakate hängt von der Teilnehmerzahl ab. Bei kleinen Gruppen reichen notfalls schon einige schwarz-weiße DIN-A2-Kopien der ursprünglich geplanten Folien – an einer oder mehreren

Wänden verteilt. Dekorativer ist aber Flipchart- oder Pinnwandformat. Für große Gruppen (bis 100 Personen) nehmen wir »Großflächen-« beziehungsweise »Plankopien« (vgl. Kapitel 23).

»Frage-Antwort-Runde« statt Musik von vorne

Das Stichwort lautet »Expertenbefragung«: Wer die Idee der Zuhörerorientierung konsequent weiterdenkt, wird bei manchen Teilnehmern den vorbereiteten Vortrag ganz beiseite legen und stattdessen nur noch die Zuhörerfragen zusammentragen (auf Flipchart stichpunktartig sammeln) und diese dann so gut wie möglich beantworten. Dazu brauchen Sie aber Sicherheit im Thema und etwas Übung, denn das ist nicht mehr bis ins Detail planbar.

Je nachdem, ob Sie den Ablauf straff strukturiert oder eher leger handhaben können, wird aus Ihrem Vortrag eine Expertenbefragung beziehungsweise eine Frage-Antwort-Runde. Die Zuhörer erfahren punktgenau das, was sie wirklich wissen wollen. Und lebendiger ist das ohne Zweifel. (Mehr dazu in Lipp/Will 2004.)

»Interview« statt Vortrag

Wer sagt denn, dass Sie »präsentieren« müssen? Wie wäre es mit einem Interview vor Publikum? Wenn Sie der Experte sind, dann brauchen Sie nur noch einen Interviewer. Mit dem klären Sie vorab den Fragenkatalog. Und dann lassen Sie sich auf offener Bühne live befragen. Das hat persönlichen Gesprächscharakter und tut manchen Themen und Anlässen gut.

»Oys isi!«

21. Vorträge inszenieren!
Aktivierung & Interaktion

Amerikaner können das: Präsentationen mit Witz, Pep und Medienzauber. Die Zuhörer freuen sich über bühnenreife Shows. Und trotz (oder wegen) des Klamauks bleibt etwas hängen. Natürlich passt das nicht immer und überall – aber vor allem niedrig dosiert wirkt es Wunder.

Den Vortragsraum kreativ nutzen!

Räume nehmen mächtig Einfluss auf die Atmosphäre. Trotzdem finden viele Präsentationen in sterilen Sälen statt und die Zuhörer sitzen wie immer im großen U oder wie im Kino. Da wäre manchmal mehr möglich!

Welcher Raum passt für Ihren nächsten Auftritt?
Der »Große Lehrsaal«, das Casino, die alte Werkhalle, »direkt vor Ort«? Oder aber »wie immer«, weil Sie darauf keinen Einfluss haben? Wir wissen, dass sich da Mehraufwand lohnt.

Unterstützt die Sitzordnung die Ziele Ihrer Präsentation?
Passt das klassische Tisch-U, die Kino-Sitzordnung oder doch besser der große Tischblock? Wäre ein Sitzhalbkreis ohne Tische besser, gegebenenfalls mit mehreren Stuhlreihen – also fast eine halbe Manege? Oder Sie entscheiden sich für viele kleine Tische und eine lockere Talkshow-Atmosphäre oder für eine kurze Stehparty-Präsentation – ohne Stühle, nur an hohen Bistro-Tischen?

Wohin kommt die »Bühne«?
Üblicherweise ist die »Bühne« neben oder unter der Projektionsfläche. Bei langen schmalen Räumen kann man alles um 90 Grad drehen, die Stühle im weiten Halbkreis anordnen und auf die Breitseite des Raums projizieren bzw. dort die großen Plakate aufstellen. Manchmal macht ein niedriges Podest die Bühne klarer und verbessert den Blickkontakt.

»Wanderbühnen«: Mehr als eine »Bühne«!
Bei großen Gruppen und Räumen stehen mehrere kleine Bühnenpodeste im Raum: Einführung und erster Infoblock erfolgen bei Bühne 1. Dort stehen auch die Stühle. Die folgenden (kurzen) Infoblocks gibt es auf den Folgebühnen.
Als »Poster-Vernissage« ist das in Kapitel 20 beschrieben.

Zu zweit: Duo-Präsentationen

Zwei Präsentierende auf der Bühne: Entweder als öffentliches Interview vor Publikum, als Dialog oder als Streitgespräch mit Pro und Contra (vorbereitet, aber nicht auswendig gelernt). Das können Sie medial mit Folien, Videos oder Postern unterstützen – Hauptsache, es bleibt ein »Dialog vor Publikum«. Solche »Duos« bringen Abwechslung für die Zuhörer. Sie dämpfen Lampenfieber, weil man nicht alleine auf der Bühne steht. Sie entlasten, wenn einer die Medientechnik bedient, während der andere den Kontakt mit dem Publikum forciert.

Demo-Aktionen: »Eyecatcher der höheren Art«

Dass ein Minister ein Glas Flusswasser getrunken hat, um die neue Wasserqualität zu demonstrieren, ein russischer Staatschef seinen Schuh aufs Rednerpult schlug, ein Kollege neun von zehn Trinkgläsern auf dem Boden zerschellen ließ, weil man auch sonst 90 Prozent des kreativen Potenzials nicht nutzt ... das sind »Eyecatcher der höheren Art« – weil was zu sehen ist und zusätzlich Ungewöhnliches geschieht!

Story-telling

»Meine Mutter …« beginnt ein US-Referent seinen einstündigen Keynote-Vortrag über die Nutzerorientierung von Software und startet mit einem Familienbeispiel. Ein anderer erzählt eine Episode mit dem Geschäftsführer eines großen Unternehmens. Wenn das spannend klingt, dann hören wir Geschichten fürs Leben gern. Natürlich wollen wir in Präsentationen auch Informationen, Aktionsergebnisse oder Geschäftszahlen – aber zwischendurch …

Sie müssen nicht Mutter oder Oma auftischen. Erzählen Sie Schlüsselstellen, Wendepunkte oder Episoden Ihres Projekts und zitieren Sie in wörtlicher Rede.

Interaktion: Das Publikum einbeziehen!

Mitreden hält wach und macht lebendig. Gehen Sie aber nicht ausführlich in den Dialog mit Ihrem Publikum, denn Sie haben in der Regel enge Zeitlimits und wollen vor allem den Hallo-Wach-Effekt der Interaktion.

Mit Fragenspeicher starten

Gleich nach dem Überblick die Teilnehmer bitten, ihre wichtigste Frage zum Thema zu notieren (eventuell gemeinsam mit Sitznachbarn). Am Ende von Themenblöcken oder zur Halbzeit nachfragen, welche Fragen bereits geklärt sind. Was offen blieb, wird Thema der Abschlussdiskussion. Die einfachere Version: Sie sammeln gleich zu Beginn alle Fragen auf Zuruf – sichtbar am Flipchart.

Handzeichenfragen: Als Start und Zwischendurch

Der beliebte Kongress-Starter aus den USA lautet: »*Wer von Ihnen hat …? Darf ich um Handzeichen bitten.*« Die erste Frage kreist um das Thema, ist aber so weit gestellt, dass möglichst viele der Zuhörer mit Handheben antworten können. Eine zweite Frage führt mitten in Ihr Thema. Da erwarten Sie dann auch nur noch wenige Meldungen – sonst könnten Sie sich Ihren Vortrag ja sparen (und auf Frage-Antwort-Modus umschalten). Bei großem Publikum gehen Sie auf diese Meldungen inhaltlich nicht ein.

Vorteil: Sie bekommen Kontakt und einen ersten Überblick über Ihr Publikum. Auf die Aussagen können Sie sich später beziehen. Und die Zuhörer sind bereits aktiv – und das alles mit geringstem zeitlichen Aufwand.

Nachbarschaften aktivieren
Immer nur Musik von vorne ermüdet. Kurzer »Sozialkontakt« mit den Sitznachbarn lockert und hält aktiv. Möglichkeiten: Zu Beginn Kurzvorstellung am Tisch. Erfahrungsaustausch zwischendurch zu einer Referentenfrage mit Sitznachbarn oder mit dem Hintermann. Oder Sie bitten Gruppen (oder Sitzreihen) um eine abgestimmte Antwort.

Cafeteria-Fragen: X, Y oder Z? – Sie haben die Wahl!
Sie zeigen einen Datensatz beziehungsweise einen Befund per PowerPoint und stellen zwei oder mehr Antwortalternativen zur Wahl. Jeder Teilnehmer muss sich nun entscheiden und auch eine Begründung dafür parat haben: »*Ist das jetzt X oder Y?*« oder »*Würden Sie hier X, Y oder Z in Angriff nehmen?*«

Richtig spannend wird das, wenn Sie das sitzgruppenweise abfragen und sich die Teilnehmer innerhalb von ein oder zwei Minuten einigen müssen. Dann gehen Sie mit dem Handmikrofon in den Saal und fragen die Gruppen nach ihrer Entscheidung und Begründung. Klugerweise interviewen Sie Leute, die mit Ihnen Blickkontakt aufnehmen.

Richtiglösungen bestätigen und gegebenenfalls Hintergrundinformationen nachschieben. Falschlösungen sind für die Befragten nicht so tragisch, denn man hat ja als Gruppe falsch entschieden. Das bringt wenig Gesichtsverlust.

Offene Fragen: »Welche Erfahrung haben Sie mit …?«
Auch mit offenen Fragen können Sie die Interaktion zum Laufen bekommen. Aber das braucht ein fürs Reden bereits »angewärmtes« Publikum. Ideal, wenn das Eis vorab durch Handzeichenfragen oder kurze Nachbarschaftskontakte schon gebrochen ist.

Wichtig: Die Frage vorab genau, präzise und klar verständlich formulieren. Mögliche Reaktionen durchspielen und sich darauf ein-
stellen. Zeit lassen fürs Nachdenken. Auf Antworten eingehen. Auch
falsche Antworten würdigen – immerhin hat sich jemand gemeldet
(»zweigeteiltes Feedback«)!

Express-Fragen und Express-Antworten
Am Ende von Themenblöcken sollen die Zuhörer den Kopf frei haben für den nächsten Abschnitt. Also fragen Sie am besten: »*Was
muss noch unbedingt geklärt werden, bevor ich zum nächsten Punkt
komme?*« Etwas Zeit lassen und dann auf die jeweiligen Fragen kurz
(!) antworten. Hüten Sie sich vor einem langen Ergänzungsvortrag.

Wenn niemand fragt, positiv kommentieren: »*Wunderbar, dann
ist ja alles klar!*« Für ausführlichen Klärungs- und Diskussionsbe-
darf gibt es die Abschlussdiskussion.

Marathons: Präsentations- und Tagungsdesigns

Bei kleinen Team-Meetings wird niemand wahnsinnig viel Inszenierung und Entertainment erwarten. Aber wenn mehrere Experten hintereinander vor großem Publikum präsentieren, dann sind alle Zuhörer heilfroh, wenn nicht eine PowerPoint-Show die andere jagt. Was ist nötig, wenn mehrere Vorträge am Stück auf dem Programm stehen?

Gesamtmoderation: Einer führt durchs Programm
Der Moderator als »Reiseleiter«: Er begrüßt, führt ins Programm ein, kümmert sich um Ein- und Überleitungen, setzt Akzente, überbrückt Pannen und moderiert Diskussionsrunden.

Den Spannungsbogen planen
Vortragsserien brauchen Regie im Vorfeld: Motto, Metaphorik und Veranstaltungsdesigns sind zu entwickeln, Sondergäste einzube-

ziehen (zum Beispiel Kunden, Geschäftspartner, Geschäftsleitung, Schauspieler). Darbietungsformen, Gags und Medien müssen koordiniert werden, damit nicht alle das Gleiche tun. Raum, Bühne, Bühnenbild und Sitzordnung sollten variabel bleiben. Und um das Foyer muss sich auch jemand kümmern.

Equipment für große Zuhörerzahl

Empfehlenswert: Bühnenpodeste, Mikrofone, Bühnenbild, hohe Plakatständer, Scheinwerferlicht und eingespielte Helfer, die wissen, um was es geht. Aus der Vortragsserie wird so schrittweise ein inszeniertes »Lern-Event«.

Präsentations-Coaching als Vorbereitung für den Auftritt

Vor kleiner Runde PowerPoint-Folien vortragen, das haben die meisten schon gemacht. Aber vor großem Publikum in ungewöhnlicher Form präsentieren ist für viele Neuland. Da kann es lohnen, sich beraten oder coachen zu lassen – mit ein oder mehr Präsentations-Generalproben. Das macht sicher und die Zuhörer merken das.

*Man kann nicht
nicht inszenieren!*

22. »Icebreaker«: Noch mehr Einstiege

Am Anfang vom Anfang hört noch niemand zu! Fast alles, was Sie da sagen, geht unter, denn Zuhörer sind »Diesel« und brauchen Zeit zum Warmlaufen. 10 bis 15 Prozent der Vortragsgesamtzeit sind für den Einstieg also klug investiert. Sie bauen Kontakt auf, machen neugierig und geben Orientierung (vgl. Kapitel 10). Und nebenbei reduziert sich in dieser Anlaufzeit auch das Lampenfieber.

Genau genommen wimmelt es bei Vorträgen nur so von Einstiegen. Selbst der Einstieg braucht einen kurzen Einstieg: ganz zu Beginn ein paar freundliche Worte – wie bei der Mikrofonprobe. Jetzt erst kriegen alle mit, dass Sie startklar sind – der ideale Zeitpunkt für Ihre eigentliche Eröffnung. Aber auch bei den Übergängen von Hauptteil zu Hauptteil haben Sie einerseits ganz kurze »Schlüsse« und jeweils kurze Starter für das folgende Teilthema – und wenn es immer nur ein bis zwei Sätze sind.

Orientierende Vortragseröffnungen

Überblick geben
Gleich zu Beginn als schnelle Orientierung Ihre Ziele oder die Motive Ihrer Präsentation nennen. Dann den Aufbau skizzieren (in der Kürze liegt die Würze!): »*Ich habe meinen Beitrag in vier kurze Blöcke aufgeteilt: Zuerst geht es um den Ist-Stand unseres Projekts. Zweitens um unsere Kooperationspartner. Drittens: Perspektiven und Visionen. Und viertens ist noch Zeit für Fragen, Diskussionen und Anregungen.*« Diese Gliederung steht auch auf einem Plakat.

Personal Story
Kurz erzählen, welchen persönlichen Bezug Sie zu diesem Thema haben, wie Sie auf dieses Thema gestoßen sind, wie Sie jetzt dazu stehen beziehungsweise warum gerade Sie hier als Redner vortragen.

Die Chronik
Kurzer (!) Rückblick über die Vorgeschichte des Themas. Sie berichten von Problemstellungen, bisherigen Lösungsversuchen, vom Scheitern, von Rahmenbedingungen und neuen Lösungsansätzen. Spannend für Insider – aber nicht alle sind Historiker!

Problem- und Nutzeneinstiege

Knobel-Denkanreiz
Sie stellen ein ungelöstes Problem in den Raum. Je plastischer Sie es schildern, umso mehr werden Ihre Zuhörer anfangen, sich darüber den Kopf zu zerbrechen. Jetzt haben alle spitze Ohren …

»Nutzenlocker«
»*Wenn Sie jetzt aufmerksam zuhören, dann sind Sie hernach nicht nur schlauer, sondern können auch dreimal so schnell …*« Das ist der Köder, mit dem Sie locken. Sie wissen, wie Ihr Thema Ihrem Publikum nutzen kann. Dann verraten Sie das doch gleich in den ersten Minuten! Wer erst am Ende der Präsentation damit herausrückt, hat viel verschenkt.

Der aktuelle Bezug

Brandaktuell
An ein aktuelles tages- oder geschäftspolitisches Ereignis anknüpfen – also etwas, was in der Zeitung steht, über das im Fernsehen berichtet wurde, das als Gerücht durch das Unternehmen spukt, das letzte Woche beim Landesleitertreffen diskutiert wurde oder eben erst als »fangfrische« Zahlen auf den Tisch gekommen ist.

Anknüpfen an die Vorgeschichte der Gruppe
An ein »Erlebnis« der Zuhörergruppe anknüpfen, einen Bezug zum Vorredner herstellen oder eine Frage aus den Vorgesprächen als Anlass für den Vortrag nennen.

Unerwartet anfangen

Provokation und Widerspruch
Das Kontrastprinzip zu Hilfe nehmen: Also anders anfangen als erwartet, mit einer provokanten oder widersprüchlichen These beginnen, mit den Argumenten der Mitbewerber starten …

Einwandvorwegnahme: Minus – Plus
Jede gute Lösung hat auch Nachteile. Den Zuhörern zuerst die Pferdefüße Ihrer Lösung auflisten (Minus). Anschließend führen Sie ausführlich die Plus-Argumente ins Feld. Die müssen natürlich zahlen- und qualitätsmäßig überwiegen, sonst wird es ein Eigentor.

»Optische Köder«

Ins Auge springen
Thema, Fragestellung und Gliederung auf Flipchart oder per Projektion zeigen (ergänzend zu anderen Einstiegsvarianten). Mit Veranschaulichung ins Thema einsteigen, zum Beispiel mit Videospots, Postern, Dias, Folien, interessanten Objekten, Dokumenten. Oder Belegstücke »aus der Tasche zaubern«.

Ausstellung
Schon vor Beginn des Vortrags eine kleine Ausstellung mit Anschauungsbeispielen, Plakaten und Modellen im Foyer aufbauen. Das Publikum kann sie vorher durchwandern oder bekommt eine sachkundige Führung vorab.

Dialoge und Interaktionen

Sie stellen gleich zu Beginn ein oder zwei einfache Fragen an alle und bitten um Handzeichen: »*Wer von Ihnen hat schon einmal mit PowerPoint gearbeitet? Darf ich um Handzeichen bitten?*« Oder Sie bringen die Sitznachbarn untereinander kurz ins Gespräch – bezogen auf das Thema (vgl. Kapitel 11 und 21).

23. Plakate:
Wie mach' ich sie attraktiv?

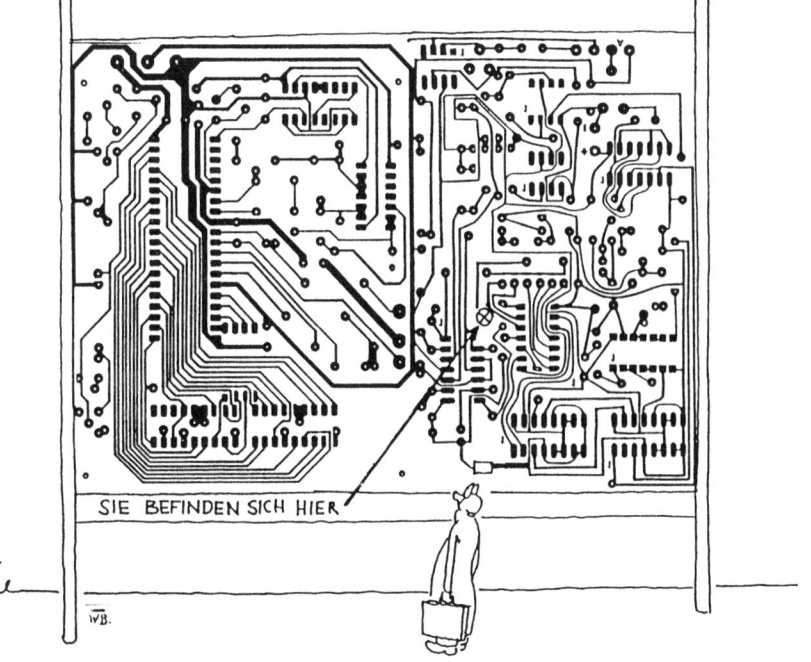

»Folienvorträge« hängen den meisten Zuhörern zu den Ohren raus und bei 08/15-PowerPoint-Shows ist das auch nur noch eine Frage der Zeit. Plakate bieten Ergänzungen zur Folienkost, sind Gedächtnis-Anker und machen »Vernissagen« möglich (vgl. Kapitel 20).

Tipps: Das macht Plakate gut!

Plakate mit Format: Die Größe bringts!
Sparen Sie nicht an den Quadratzentimetern! Plakate sollen wirken. Das tun sie erst ab einer gewissen Größe.

Blindenschrift: Plakate brauchen große Schrift!

Nur Augenärzte machen Lesetests mit Minischrift. Je nach Plakat, Teilnehmerzahl und Raumgröße mindestens 5 bis 10 cm Schriftgröße – eher mehr. Testen Sie Ihre Plakatschrift aus größtmöglicher Entfernung – wenn man direkt davor steht, sieht alles klobig und überdimensioniert aus!

Kurz und bündig!

Auf Plakate am besten nur knappe Formulierungen, Halbsätze, Stichworte oder vereinfachte Zeichnungen und Abbildungen anbringen. Schreiben Sie auf alle Fälle keinen Fließtext! Maximal fünf Aufzählungen mit Bullet-Points (●■◆✳).

Auf einen Blick: Klar erkennbare Plakat-Struktur!

Mit einem Blick muss man Zusammenhänge, Über- und Unterordnungen erkennen. Schriftgrößen, Strichdicken, Farben, Abstände, Kästen und Trennlinien sorgen für Ordnung und Klarheit. Plakat nicht zu voll machen! Sinnblöcke bilden! Leerflächen lassen!

Farben für Herz und Hirn!

Farben wirken auch bei Plakaten angenehm. Sie unterstützen die schnelle Orientierung, wenn gleichartige Aussagen gleiche Farben haben. Bei Schwarz-weiß-Kopien mit Stiften oder Wachsmalkreideblocks Farbakzente setzen.

Groß- und Kleinbuchstaben sind besser lesbar!

Schriften mit Groß- und Kleinbuchstaben erleichtern den Überblick. SIE KÖNNEN DAS HIER SELBST AUSTESTEN!

Mit dem Stift zaubern: Ergänzungen und Handskizzen

Fix und fertig mitgebrachte Plakate bestechen zwar in punkto »Schönheit« und Schnelligkeit, aber auf Dauer fehlt ihnen Stimulanz – das haben sie mit Folien gemein. Bringen Sie einige teilfertige Plakate mit und ergänzen Sie die vor Publikum. Oder Sie überraschen mit schnellen Handskizzen: wenige Striche und Worte live vor den Augen der Zuschauer.

Additionals: Merk-Anker und visuelle »Gags«

Poster mit Bildern, Schemazeichnungen oder Diagrammen haften besonders gut im Gedächtnis. Wer keine Angst vor Verspieltheit hat, garniert Plakate mit Bildern und greift auf visuelle Gags und Montage-Techniken zurück.

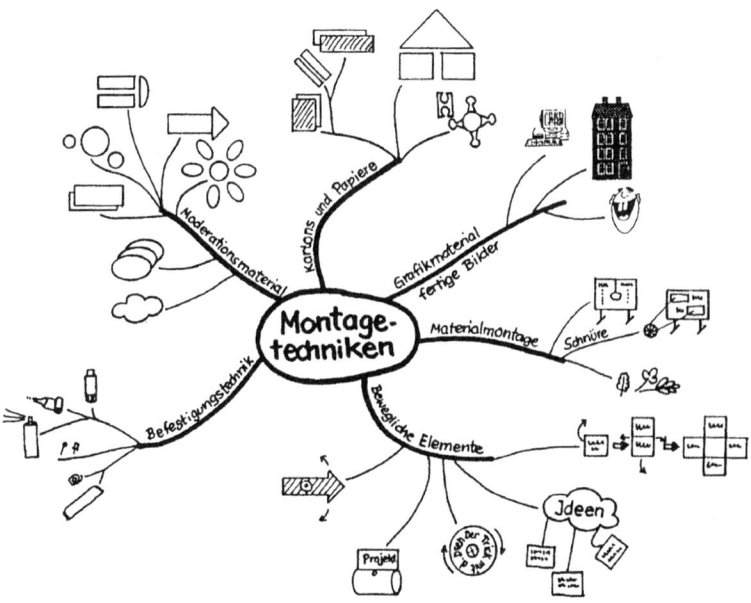

Kopierwunder: Plankopien oder Großflächenkopien

Sie müssen Plakate nicht mehr per Hand zeichnen! Bringen Sie Ihre DIN-A4-Vorlagen zu einem guten Kopierladen. Dort gibts Wundergeräte: Ein einziger Kopiervorgang zaubert aus einer DIN A4 großen Vorlage ein vierfach vergrößertes Plakat (120 cm lang, 90 cm breit) auf festes Papier. Mehrere A4-Vorlagen, hintereinander auf eine Papierbahn kopiert, ergeben lange Riesenplakate. Die kommen besonders in hohen Räumen zur Geltung. Sie hängen entweder an der Wand oder an frei stehenden Plakatständern (wir nehmen Scheinwerferstative).

Bei kleinen Gruppen müssen die Plakate nicht immer riesig sein. Gelegentlich genügen Vergrößerungen im Format DIN A2 oder A1.

Noch immer sinnvoll: Plakate in Handarbeit

Nicht alle Präsentationen brauchen maschinell erstellte und hoch-
kopierte Poster. Manchmal wirken handgezeichnete Plakate auf
Pinnwand- oder Flipchartbogen sehr attraktiv – sie kultivieren den
Touch des Persönlichen.

Übungssache: Die Kunst, den Filzstift richtig zu halten
Gute Schrift ist (Stift-)Haltungssache. Dicke Filzstifte immer mit
der breiten Filzkante aufs Papier aufsetzen und schreiben, ohne zu
drehen. Das ergibt eine gleichlaufende Schrift. Experimentieren Sie
mit verschiedenen Fabrikaten und Strichbreiten – anschließend Le-
setest aus größter Entfernung durchführen.

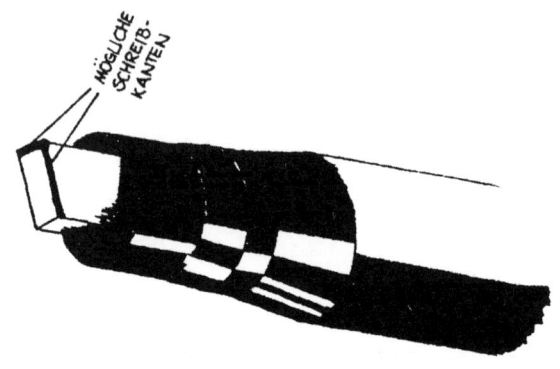

Volumen bringts: Dicke Stifte!
Bei dünnen Stiften hilft auch die beste Schrift nichts – es sieht immer aus wie dürre Spinnenbeine. Nehmen Sie verschiedene Strichbreiten für Schrift, Zeichnung und Umrandung.

Tendenz zur Mitte: Ober- und Unterlängen verkürzen!
Das Schwergewicht der Schrift auf die Mittellänge verlagern. Sie
wird mit mindestens 50% Gesamthöhe betont. Ober- und Unterlängen reduziert man auf je 25% (im Bayrischen spricht man von
der »Vier-Quartel-Lösung«). Dadurch wirken Schriften »größer«.

Overhead-Projektor als Zeichenhilfe

Wer nicht freihändig zeichnen kann, legt die Bildvorlage als Folie auf den Overhead-Projektor und richtet den Lichtkegel auf die papierbespannte Pinnwand. Nun mit dickem Filzstift das projizierte Bild nachzeichnen. Das geschieht natürlich ohne Publikum. Trickreiche skizzieren mit dünner Bleistiftlinie. Später vor Publikum »entwickeln« sie dann mit Filzstift alles »freihändig«.

24. Folien-»TÜV«
Kriterien für visuelle Qualität

Autos müssen in Deutschland regelmäßig zur TÜV-Untersuchung und werden dort auf Verkehrstauglichkeit geprüft. Wenn alles stimmt, dann bekommen die Autos als Abschluss die TÜV-Zertifizierungs-Plakette. Wir wünschen uns ähnliche Qualitäts-Checks auch für PowerPoint-Folien, um die schlimmsten Fälle aus dem Verkehr zu ziehen. Aber vorab die größten PowerPoint-Risiken.

Klassische PowerPoint-Krankheiten

Bild-Gläubigkeit: Alle Energie in die Folien setzen
Zu jeder Aussage eine Visualisierung zeigen, sich zum Filmvorführer reduzieren – das sind typische Krankheitssymptome. Wirkungsvoll und nachhaltig werden Vorträge aber durch attraktive Inhalte, erkennbaren Nutzen, plastische Beispiele, lebendige Sprache und Körpersprache, Überraschungen und Wendungen. Optimierte PowerPoint-Folien liefern dazu lediglich Flankenschutz.

Verführbarkeit: Brav sein und nehmen, was da ist
Anfänger verlassen sich auf steril-austauschbare Vorlagen und die ewig gleichen Masterfolien. Dummerweise machen das 80 Prozent aller Nutzer. Das Ergebnis sind zum Verwechseln ähnliche, geklonte Folien – aufgepeppt mit visuell belangloser Bild-Garnierung.

Völlerei: Alles machen, was machbar ist
Wie beim Kochen: Alle Gewürze zugleich im Topf tun selten gut. Wenig Schnickschnack: Dynamisch-animierter Bildaufbau nur in kleinen Dosen. Wenig Einblendungen, Bewegungen oder Wegnahme von Schrift oder Grafik. Nur eine Art von Folienübergängen. Kein Kuddelmuddel von Formen, Farben und Grafiken. Geräusche stören fast immer.

Verwechslung: Folie als Handout
Folien sind immer schlechte Handouts. Das sehen Sie sofort, wenn
Sie eine gute Printseite als Folie projizieren (zu voll) oder eine gute
Folie 1 zu 1 ausdrucken (zu leer). Gute Folien haben weniger Seiten-
rand, weniger Text, aber größere Schrift und Strichdicken. Die
PowerPoint-Option »Notizseite« verkleinert den Ausdruck und lässt
Platz für Zusatztext. Aber Mehrarbeit ist es allemal, ein eigenständi-
ges, angereichertes Handout zu erstellen.

Alternative: Unikate plus PowerPoint?

Integrieren Sie handgezeichnete Unikate in Ihren Foliensatz, statt
noch mehr auf Grafik und Technik zu setzen. Bilder und Kurztext
farbig auf weißes Papier zeichnen (Frank 2004) und scannen. Die
jpg-Datei fügen Sie – wie ein Dia – in PowerPoint ein. Solch unver-
wechselbare Unikat-Bilder sind keine Lösung für das Mengenge-
schäft, aber trendy.

Eine Handzeichnung als Folie (Frank, 2004)

Folien-TÜV: Unsere Checkliste

☑ **Struktur – visuell**
Ist auf einen Blick erkennbar, was zusammengehört?

☑ **Botschaft und Titel**
Wie lautet die Folien-Botschaft?
Sind die Kernaussagen hervor-
gehoben? Reizt die Überschrift
zum Lesen?

☑ **Lesbarkeit**
Auch aus letzter Reihe ohne
Brille lesbar?

☑ **Fließtext und Fülle**
Kein Fließtext! Nicht zu voll! Etappenweise aufbauen!

☑ **Animation**
Nur in niedriger Dosis! Nicht zu verspielt!

☑ **Schrift und Bild**
Groß! Groß! Serifenfrei (Arial statt Times). Nur wenige und bedachte
Schriftwechsel! Bilder nicht nur als lieblose »Garnierung«!

☑ **Farbigkeit**
Weder Todesanzeige noch bunte Bonbonpackung!
Folien-Hintergrund weiß oder hell!

☑ **Bullets pro Seite**
Wenn schon, dann maximal fünf »Knödel« (Bullet-Points) pro Folie!

☑ **Folien-»Erotik«?**
Wie »heiß« ist die Folie: Werte von 0° bis 100°?

☑ **Folien-Schmerzgrenze?**
Maximal sieben Folien am Stück! Dann »folienfreie Zone«,
Beispiel oder Interaktion mit dem Publikum.

10-mal positiv abgehakt. Ein ideales Prüfergebnis!

25. Folien-Führerschein:
Ihre Medien-Fahrerlaubnis

Underhead-
Projektor

TÜV-geprüfte Fahrzeuge sind nur die halbe Miete. Erst mit Führerschein dürfen Sie auf die Straße. So eine Qualitätsregelung wünschen wir uns auch für das Folien-Vorführen.

Weniger, langsamer, heller!

Die Overhead-Projektoren sind meist verschwunden, aber die alten Leiden geblieben: Bombardements zu vieler Folien in zu kurzer Zeit. Der Vor-trag ist gehalten, aber das Publikum kommt nicht mehr zum Weg-trag. Da hilft »*Folien schlachten statt Folienschlachten!*« und »*In der Ruhe liegt die Kraft!*« Und nicht immer reflexhaft alles verdunkeln, um die Leuchtkraft der Beamer zu erhöhen. Das macht müde!

Raus aus der Technik-Wagenburg!

Sperrige Tische für Beamer und Notebook, notorisch zu kurze Stol-
perkabel zwischen allen Geräten, Flipcharts unerreichbar fern und
weit und breit keine Fernbedienungs-Funkmaus – das nimmt jeden
Bewegungsspielraum und blockiert Interaktion.

Wird gerne vergessen: Lesen können die selbst!

Vorlesen passt in die Grundschule aber nicht in Ihre Präsentation.
Weil Vorlese- und Lesegeschwindigkeit nie synchron verlaufen,
splittet das die Aufmerksamkeit und verwirrt Ihr Publikum: Für die
einen sind Sie zu langsam, für die anderen zu schnell. Noch konfu-
ser wird es, wenn Sie nicht wortwörtlich vorlesen, beim Lesen springen oder niemand mehr genau weiß, an welcher Stelle Sie sich im
Moment gerade befinden.

Folienfreie Zone: Alle Aufmerksamkeit ist bei Ihnen!

Schwarzbild = Auf der Leinwand ist nichts

In folienfreien Teilen der Präsentation ist 100 Prozent der Aufmerksamkeit beim Referenten. Beispielsweise beim Einstiegs-Prolog: Der
startet ohne Bild an der Wand und schließt mit der Überleitung
»Dazu habe ich Ihnen ein paar Folien vorbereitet«.

Auch zwischendurch bringen Sie Beispiele, Hintergrundinformation oder persönliche Bewertungen ohne Folien. So machen Sie sich nicht selbst mit Ihren eigenen Folien Konkurrenz.

Schwarze Leinwand per Beamer, b-Taste, Schwarzbild
Drei Möglichkeiten: (1) Den Beamer per Knopfdruck kurzfristig »dunkel« stellen. (2) Beim Notebook im Präsentationsmodus von PowerPoint »b« drücken (= black oder die Taste mit dem Punkt ».«) – bei erneutem Drücken wird wieder alles sichtbar.

(3) Eine schwarz »eingefärbte« Folie in die PowerPoint-Datei einfügen. Bei folienfreiem Einstieg läuft zum Beispiel das Schwarzbild bereits zu Präsentationsbeginn (unsichtbar fürs Publikum). Beim Weiterklicken, kommt für die Zuschauer das erste »sichtbare« Bild. In der laufenden Präsentation erinnern Schwarzbilder Vortragende unauffällig daran, dass an dieser Stelle beispielsweise eine Interaktion mit dem Publikum geplant war.

Folien-Prolog: Bevor Sie die nächste Folien zeigen

Nur Dilettanten werfen Folien ohne Vorwarnung einfach an die Wand. Da wird man vom Theater lernen und die jeweils nächste Folie mit kurzem »Prolog« ankündigen. Viel brauchen Sie nicht zu sagen, aber nichts wäre zu wenig.

Also: Zuerst Folie kurz (!) ankündigen, um die Aufmerksamkeit zu lenken und zu bündeln – erst dann zeigen! Das Prinzip kennen Sie auch von Lehrbüchern, deren Kapitel jeweils mit einer kurzen Orientierung vorab starten – dieser Vorspann heißt dort »Advanced Organizer«.

Vier-A-Inszenierung

Nur Dussel werfen Folien einfach an die Wand und reden gegen das eigene Bild. Stattdessen:
(1) **A**nkündigen = Folien-Prolog
(2) **A**n die Wand werfen (und dabei nichts sagen)
(3) **A**nschauen lassen (und dabei nichts sagen)
(4) Erst jetzt **a**rklären, denn nun ist die **A**ufmerksamkeit wieder bei Ihnen

26. Drunter und drüber:
Wenn es zwischendurch heiß wird

In der Regel läuft weniger schief als befürchtet, denn die meisten Zuhörer sind wohlwollend und kooperativ. Und kleine inhaltliche Reibereien bringen sogar Lebendigkeit! Umsicht im Vorfeld und ein kühler Kopf mittendrin helfen Ihnen »schwierige Situationen« zu meistern.

Prophylaxe: Gute Vorbereitung reduziert Risiken

»Vorbeugen ist besser als heilen!« spricht für gründliches Risiko-management vorab – mit relativ wenig Aufwand gehen Sie auf Nummer sicher.

Gute Vorbereitung, klare Agenda, klarer Zeitplan
Gut geplant kommen Sie weniger aus dem Takt und bleiben leichter in der Zeit. Die Agenda aushängen. Das macht allen den roten Faden klar und Sie können im Notfall zeigen, was alles noch aussteht.

Vorabkontakt und Erwartungscheck
Passt mein Vortrag zu den Erwartungen meiner Zuhörer? Das recherchieren Sie möglichst vorab bei wichtigen Meinungsträgern – telefonisch oder per E-Mail. Oder Sie reden mit Kollegen darüber.

Ugly-Question-Sammlung
Schon im Vorfeld die unangenehmsten Fragen und Widersprüche sammeln, die kommen könnten. Für diese formulieren Sie vorab in Ruhe Ihre Antworten. Während des Vortrags kann Sie dann kaum mehr etwas überraschen. Das macht sicher.

Von Verkäufern lernen: Einwandvorwegnahme
Nicht erst warten, bis kritische Fragen aus der Runde kommen. Stattdessen »heiße Themen« selbst ansprechen, damit bleiben Sie in Führung: »*Manche werden jetzt vielleicht denken, das geht nicht. Aber …*« (natürlich nur, wenn Sie fest mit diesem Einwand rechnen und gute Gegenargumente haben).

Mit Moderator Rollenverteilung absprechen
Wenn Sie mit Moderator auftreten: Schon vorab die Rollen klären. Wer eröffnet, wer schließt? Wer leitet, klärt und schlichtet, wenn es brenzlig wird?

Kleine und große Generalprobe vorab
Startsätze und Fragen ans Publikum vorab ausformulieren. Fallbeispiele sammeln. Foliensatz mehrfach durchklicken, damit Sie mit

ihm vertraut sind. Sitzordnung, Bühne, Licht- und Tonqualität des Beamers klären. Und möglichst eine Generalprobe – die wirkt Wunder!

Persönlicher Kontakt vor Ort
Schon vor Beginn im Vortragssaal sein und die ersten oder wichtigsten Zuhörer persönlich begrüßen (es sei denn, Sie brauchen in diesen Minuten Ruhe).

Zehn »goldene« Regeln für kritische Situationen

Keine 100-Prozent-Erfolgsrezepte, aber folgende Prinzipien haben sich bewährt:

1. Angriffe ernst, aber nicht persönlich nehmen!
Zuhörer sehen Sie als Interessenvertreter und nicht als Person.

2. Das Anliegen heraushören!
Kaum jemand besucht Ihre Präsentation, nur um Sie zu ärgern! Hinter Angriffen steckt oft eine (gute) Absicht oder ein Anliegen – dummerweise unangenehm verpackt und manchmal sehr verschlüsselt.

3. Ewige Doppeldecker = EMOTION & INHALT
Bei Reibereien zwischen Zuhörern und Redner geht es häufig um »Emo«-Themen wie Macht und Anerkennung, zum Beispiel darum, sich als »Alpha-Tier« zu profilieren oder um die Angst, etwas zu verlieren. Wenn Sie als Referent nicht als »Guru und Macher« auftreten, müssen empfindliche Zuhörer dagegen auch nicht rebellieren!

4. Den Angriff in eine Sachfrage umdeuten!
Umformulierungen verhelfen zur Sachlichkeit – auf beiden Seiten. Auf Dauer ist das vielleicht keine Lösung, aber im Moment wollen Sie einen Vortrag halten statt Beziehungen zu klären.

5. Verständnis zeigen!
Auf die Gefühle (Ärger, Wut) des Sprechers eingehen, zum Beispiel: *»Ich verstehe, worum es Ihnen geht, allerdings ...«*, *»Ich kann Ihren Ärger nachvollziehen, aber ...«* Inhaltlich müssen Sie Ihre Position deshalb aber nicht aufgeben.

6. Ehrlich antworten!

Keine Verteidigung! Offenheit, wenn es noch keine Lösung gibt oder Sie nicht Bescheid wissen: *»Dieses Problem haben wir noch nicht gelöst«* oder: *»Den Sachverhalt muss ich erst klären …«*

7. Birke statt Eiche: Konfrontation vermeiden!

Elastisch reagieren: Zweikampf vermeiden – der frisst nur Zeit und schafft Verlierer. Widersprüchliche Positionen festhalten, Gegenargumente würdigen – ohne sie inhaltlich zu akzeptieren.

8. Die anderen Zuhörer einbeziehen

Langen Monolog vermeiden. Prüfen, ob dieser Aspekt noch für die ganze Gruppe wichtig ist.

9. Sie müssen nicht auf alles eingehen!

Auf Einwürfe flexibel reagieren. Je nach Situation: Ignorieren, quittieren (mit Blick, Nicken, Notieren), kurz behandeln oder zurückstellen.

10. Auf die Schlussdiskussion verweisen

Bei schwierigen Fragen kurze (!) Klärung – kein zusätzlicher Spezialvortrag. *»Da freue ich mich jetzt schon auf die Abschlussdiskussion.«* Eventuell Zusatzinformation versprechen und nachliefern.

27. Intercultural: Presentations in a Foreign Language

»And so, without further ado, here's the author of Mind Over Matter …«

Präsentationskultur: Andere Völker – andere Sitten!

Erkundigen Sie sich frühzeitig über die Präsentationskultur Ihrer ausländischen Zielgruppe: Wie lange darf eine Präsentation maximal dauern? Ist nadelstreifig-seriös angesagt oder Entertainment? Braucht es anfangs Kontaktpflege, smiles, jokes, personal stories oder kommt man straight-on auf den Punkt? Ist die Vortragssituation stark hierarchie- oder teamorientiert? Wie verhalten sich ranghohe Personen als Zuhörer? Wie wird Kritik, Skepsis, Ablehnung oder Zustimmung verpackt? Wie high-tech müssen die Medien sein? Wo sind die feinen Grenzlinien von »social and political correctness«? Passt es zur Kultur, dass man Zuhörer zum Beispiel durch Fragen aktiv einbezieht? Ist es üblich, den Vortragenden zu unterbrechen, um Fragen zu stellen? Bestehen Chancen auf eine kritische Abschlussdiskussion oder sind maximal höfliche Fragen zu erwarten?

Präsentationskulturen unterscheiden sich schon innerhalb Europas von Land zu Land. Aber was genauso wichtig ist, sie unterscheiden sich auch im Land von Altersgruppe zu Altersgruppe und von Subkultur zu Subkultur. Den guten Ratgebern für fremde Länder dürfen Sie bei Ihrer Planung also nicht voll trauen. Sie wollen ja eine ungewöhnliche, positiv merk-würdige Präsentation für eine ganz spezifische Zielgruppe halten und nicht nur alle tradierten Kultur-Klischees bedienen.

Damit das nicht zu holprig klingt!

Was tun, damit Ihr Vortrag in der Fremdsprache nicht allzu »fremd« klingt? Die aufwändigste Lösung: den Redetext in Deutsch erstellen und dann alles übersetzen. Aber da müssen Sie aufpassen. Sie brauchen einen Ausgangstext in saloppem Sprech-Deutsch (statt Schreib-Deutsch), sonst bleibt auch die Übersetzung steif und förmlich. Zudem verführt jeder Volltext zum Ablesen. Improvisieren Sie einen Probevortrag mit Ton- und Bildmitschnitt und bitten dann einen »native speaker« um »sound-check«.

28. Bücher:
Wenn Sie dickere suchen

Buzan, T./Buzan, B.: Das Mind-Map-Buch. mvg, Landsberg [5]2005.

Ebel, H.E./Bliefert, C.: Vortragen in Naturwissenschaft, Technik und Medizin. VCH, Weinheim [3]2004.

Frank, F.: Ideen zeichnen. Ein Schnellkurs für Trainer, Moderatoren und Führungskräfte. Beltz, Weinheim und Basel 2004.

Henschel, G.: Die wirrsten Grafiken der Welt. Hoffmann und Campe, Hamburg 2003.

Hierhold, E.: Sicher präsentieren – wirksamer vortragen (mit CD-ROM). Redline, Heidelberg [7]2005.

Kushner, M.: Erfolgreich Präsentieren für Dummies. Thomson, Bonn [2]2005.

Langner-Geißler, T./Lipp, U.: Pinnwand, Flipchart und Tafel (Band 3 der Reihe »Mit den Augen lernen«, hrsg. von H. Will). Beltz, Weinheim und Basel [2]1994.

Langer, I./Schulz von Thun, E./Tausch, R.: Sich verständlich ausdrücken. Reinhardt, München [7]2002.

Lipp, U./Will, H.: Das große Workshop-Buch. Beltz, Weinheim und Basel [7]2004.

Scheler, U.: Die Gestaltung visueller Aussagen. Jünger, Offenbach 2002.

Schildt, T./Zeller, G.: 100 Tipps & Tricks für professionelle Power-Point-Präsentationen. Beltz, Weinheim und Basel 2005.

Spola, A./Vogel, R./Polt, Ch./Kürn, E. (Hrsg.): Hiermit gebe ich nichts bekannt. Hugendubel, München 1988.

Weidenmann, B.: 100 Tipps & Tricks für Pinnwand und Flipchart. Beltz, Weinheim und Basel [3]2003.

Will, H.: Mit den Augen lernen (hrsg. von H. Will). Beltz, Weinheim und Basel [2]1994 (5 Bände im Schuber).

Zelazny, G.: Wie aus Zahlen Bilder werden. Gabler, Wiesbaden [6]2005.

»Büacha,
bsondas de dickan,
de hob i am dickan!«
Philipp Arp

Bildnachweis

S. 3	Reiner Schwalme/Baaske Cartoons
S. 5	Wolfgang Willnat/Baaske Cartoons
S. 13	Reinhold Löffler/Baaske Cartoons
S. 15	Wolfgang Willnat/Baaske Cartoons
S. 20	Quelle unbekannt
S. 23	Björn Holm/Baaske Cartoons
S. 26	Pfuschi/Baaske Cartoons
S. 29/30	Aus: PA Schnippelbuch
S. 31	Wilhelm Zeitlmeir/Baaske Cartoons
S. 33	Jules Stauber/Baaske Cartoons
S. 36	Tomi Ungerer: Kompromisse. Diogenes Verlag, Zürich 1982
S. 38	Peter Butschkow/Baaske Cartoons
S. 41, 42	Ludwig Schneider
S. 45	Aus: Bulls, Magnus der Magier
S. 47	Burkhard Mohr/Baaske Cartoons
S. 50	Til Mette/Baaske Cartoons
S. 52	Marcel Mariën: L'introuvable
S. 54	Aus: Schnippelbuch 2; Kultur & Spielraum (1991)
S. 55	Ludwig Schneider
S. 59	Reinhold Löffler/Baaske Cartoons
S. 61, 63	Thomas Plassmann/Baaske Cartoons
S. 64	Aus: Diderots Enzyklopädie
S. 65	Vladimir Renćin/Baaske Cartoons
S. 67	Oswald Huber/Baaske Cartoons
S. 68	Olaf Rademacher/Baaske Cartoons
S. 71	Martin Guhl/Baaske Cartoons
S. 73	Björn Holm/Baaske Cartoons
S. 76	Reinhard Alff/Baaske Cartoons
S. 77	Ludwig Schneider
S. 79	Karl-Heinz Brecheis/Baaske Cartoons
S. 81	Ludwig Schneider
S. 83	Erik Liebermann/Baaske Cartoons
S. 85, 86, 87	(oben) Aus: Langner-Geißler/Lipp (1994)
S. 87 (unten), 89	Aus: Frank (2004)
S. 91	Ludwig Schneider
S. 94	Till Mette/Baaske Cartoons
S. 97	Martin Guhl/Baaske Cartoons
S. 98	Gary Larson, The PreHistory of the Far Side (1992)
S. 100	Amelie Holtfreter-Glienke

Zu einigen Abbildungen konnten die Bildrechte nicht ermittelt werden. Sollten sich Inhaberinnen und Inhaber von Nutzungsrechten nachträglich melden, wird der Verlag das übliche Nutzungshonorar nachzahlen.